MARTIAL

EPIGRAMME

AUSGEWÄHLT,
ÜBERSETZT UND ERLÄUTERT VON
HARRY C. SCHNUR

PHILIPP RECLAM JUN. STUTTGART

Umschlagabbildung: Säulenkapitell aus den Caracalla-
Thermen, Rom.

Universal-Bibliothek Nr. 1611
Alle Rechte vorbehalten
© 1966 Philipp Reclam jun. GmbH & Co., Stuttgart
Satz: Walter Rost, Stuttgart
Druck und Bindung: Reclam, Ditzingen
Printed in Germany 1997
RECLAM und UNIVERSAL-BIBLIOTHEK sind eingetragene Marken
der Philipp Reclam jun. GmbH & Co., Stuttgart
ISBN 3-15-001611-8

Otto Weinreich

Dem Altmeister der Übersetzungskunst

EINFÜHRUNG

Über die Lebensgeschichte des Marcus Valerius Martialis wissen wir recht wenig. Als Unterlagen haben wir hauptsächlich seine Gedichte (doch sind ihre autobiographischen Andeutungen nicht immer verläßlich), wir haben Erwähnung seitens einiger Zeitgenossen, vor allem des jüngeren Plinius, und einige Anspielungen von späteren Schriftstellern und Grammatikern.

Er wurde um das Jahr 40 in Bilbilis, dem heutigen Bubiera, geboren; es lag in Celtiberia (Aragon) am Saloflusse, der oberhalb Saragossas in den Ebro mündet. Im Alter von ungefähr vierundzwanzig Jahren kam der junge Martial nach Rom, um dort, wie viele talentierte Spanier vor ihm, sein Glück zu machen. Seine Landsleute und Gönner, Seneca und dessen Neffe Lukan, verloren jedoch in der gegen Nero gerichteten Pisonischen Verschwörung (i. J. 65) ihr Leben. Bald darauf (68) fiel Nero, und es folgten Wirren und Bürgerkrieg (das unselige „Vierkaiserjahr" 68/69), bis schließlich mit der von Vespasian begründeten Dynastie der Flavier ruhigere Zeiten kamen.

Martial, der sich ursprünglich dem Anwaltsberuf widmen wollte, wandte sich der Poesie zu, und zwar, wie es scheint, ausschließlich dem Epigramm. Doch von der Literatur konnte man nicht leben: in einer Zeit, die weder Urheberschutz noch Verlagstantiemen, weder Literaturpreise noch Stiftungen zur Förderung der Künste **kannte**, brauchte ein nicht von Hause aus bemittelter Schriftsteller reiche und mächtige Gönner. Nur allzugut lernte Martial das Leben des Klienten kennen. Ein Klient war ursprünglich der freigelassene Sklave, dessen früherer Herr (dominus) nunmehr sein patronus wurde; doch mehr und mehr begaben sich Freie, selbst Männer des Ritterstandes, in dieses Abhängigkeitsverhältnis. Vor Tau und Tag mußte der Klient im teuren und unbequemen Staatsgewand, der Toga, seinem Patron die Aufwartung machen, ihn wenn nötig begleiten und ihm sonstige Dienste erweisen. Oft genug wurde niedrige

Einführung

Schmeichelei gefordert; Gegenleistung waren kleine Geldgeschenke, Kleidungsstücke, Hausrat und besonders Einladungen zur Hauptmahlzeit (die gegen 3 Uhr nachmittags begann). Mit grimmigem Spott beschreiben Martial und sein Freund, der große Satiriker Juvenal, dieses erniedrigende Parasitenwesen. Wer kein ererbtes Vermögen (patrimonium) besaß, konnte nicht Geschäfte betreiben, und die damalige Gesellschaftsordnung ließ außer dem Anwaltsberuf nur wenige Berufe als anständig gelten: selbst der des Arztes wurde noch oft von Sklaven oder Freigelassenen ausgeübt. On vivait de ses revenus; auch bestand noch die altrömische Tradition, daß ein Herr vom Einkommen seines Gutes lebte. Solche Gütchen, die ihnen das otium cum dignitate ermöglichten, hatten beispielsweise Vergil und Horaz erhalten, und ein armer Dichter mußte eben versuchen, seinen Mäzen zu finden. Dies erklärt die uns heute als übertrieben anmutende Schmeichelei gegen die Reichen und den Kaiser, wie sie Martial tadelte – und selbst trieb.

Stadtbekannt und weltberühmt wurde Martial durch seine Epigramme. Das Epigramm – ursprünglich bedeutet es ‚Aufschrift‘ und war die kurzgefaßte Beschriftung eines Grabmals, einer Weihgabe, Statue oder dergleichen – wurde als literarische Gattung von den Griechen für die verschiedensten Zwecke verwendet: es wurde das Vehikel erotischer, spottender, beschreibender Dichtung und wurde als solches auch von den Römern übernommen. Catull und andere hatten lateinische Epigramme geschrieben, aber Martial war es vorbehalten, die scharfe Pointierung des Epigramms, mit der Pointe in der letzten Zeile und womöglich dem letzten Wort, zu der Vollendung zu bringen, die ihn durch die Jahrhunderte zum unbestrittenen Meister des „Sinngedichts“ machte. Wer nach ihm Epigramme schrieb, nahm ihn sich zum Vorbild. Seine Kunstmittel waren der pointierte Kontrast, das Paradox, oft auch ein geistreicher Wortwitz.

Unzählige Male wurde er übersetzt und nachgeahmt: die lateinischen Dichter der Renaissance und des Humanismus versuchten sich auch im Epigramm – erwähnt seien Thomas Morus

Einführung

(der allerdings mehr aus der Griechischen Anthologie über-
setzte), der frech-laszive Antonius Panormita (Beccadelli), des-
sen „Hermaphroditus" oft verdammt und viel gelesen wurde,
und besonders der ‚britische Martial', John Owen (im elisa-
bethanischen Zeitalter), der dem Meister am nächsten kommt.
Häufig sind auch ‚Anleihen' ohne Quellenangabe, von Opitz bis
Lessing.

Martial erzielt seine Effekte durch Spott und Satire. Es sei
hier nicht versucht, die schillernden Begriffe ‚Humor', ‚Witz',
‚Ironie' zu definieren: gemeinsam ist ihnen, wie wir glauben, das
Erwecken von Heiterkeit durch den überraschenden Gegensatz
zwischen dem, was sein sollte, und dem, was ist; dies ent-
spräche etwa dem griechischen para prosdokían, das Unerwar-
tete[1]. Es waren ihm jedoch, neben Spott und – oft genug –
bettelnder Schmeichelei, Töne inniger Freundschaft und idyl-
lische Naturbetrachtung nicht fremd; schöne Menschlichkeit
äußert sich in Trauergedichten, auch auf den Tod von Sklaven-
kindern.

Ausdrücklich bekennt er sich (wie Juvenal in der verwandten
Literaturgattung der Satire) als Gesellschaftskritiker; doch ver-
meidet er, getreu seinem Grundsatz, „Personen zu schonen und
nur das Laster zu rügen" (parcere personis, dicere de vitiis),
Namensnennung Lebender. Dies wäre ja riskant gewesen: die
Freiheit eines Lucilius konnte sich kein Satiriker nach ihm

1. In seinen „Zerstreuten Anmerkungen über das Epigramm und einige der
vornehmsten Epigrammatisten" (1771), darin er manches Verständige be-
merkt, definiert Lessing das Wesen des echten Epigramms als die Verbin-
dung von ‚Erwartung' und ‚Aufschluß': das wäre etwa auch eine Wiedergabe
von ‚Pointe' und ‚para prosdokían'. Mit Recht bemerkt er, daß Martial
seine Wirkungen oft durch komische Übertreibung erzielt; ebenso berechtigt
tadelt er moderne Epigrammverfasser, deren Gedichte nur mit Zuhilfenahme
der Überschrift verständlich wären. Er widmet Martial ein längeres Kapitel,
das, neben Auslegungsfragen und Gegenständen von antiquarischem Interesse,
Vermutungen über Jugendwerke des Dichters usw. eine noch heute sehr
lesenswerte critique raisonnée enthält; auch war Lessing, wie uns scheint,
der erste, der nachwies, daß manche Epigramme Martials nicht originell sind,
sondern der Griechischen Anthologie entstammen (insbesondere auf Gedich-
ten eines – nicht mit dem Satiriker Lucilius zu verwechselnden – Lucillius
basieren).

8   *Einführung*

erlauben, und außerdem war ja wohl die chronique scandaleuse
zumindest einem Kreis von Eingeweihten, wenn nicht der gan-
zen Stadt, bekannt. Auch galt es natürlich, einflußreiche
Freunde des Regimes nicht zu verstimmen: er brauchte ja
Gönner.

Solche einflußreichen Gönner fand er, und trotz seiner bestän-
digen Klagen brachte er es zu einem bescheidenen Wohlstand.
Flaccus Licinianus und andere begüterte Freunde beschenkten
ihn; selbst der vielgeschmähte Kaiser Domitian verlieh ihm
(oder bestätigte das ihm von seinem Bruder und Vorgänger
Titus verliehene) Dreikinderrecht [2] und erhob ihn durch Ver-
leihung des tribunatus semestris [3] in den Ritterstand, wie der
Kaiser überhaupt – selbst hochgebildet und sogar der Dichtkunst
zugetan – Kunst und Wissenschaft beförderte.

Bei Domitians Nachfolgern, Nerva und Trajan, fand Martial
trotz schmeichelnden Werbens keine Gunst. Verärgert zog er sich
etwa im Jahre 98 in seine spanische Heimat zurück; Plinius d. J.
schenkte ihm das Reisegeld, Marcella, eine wohlhabende Dame,
ein Gütchen. Trotz idyllischer Beschreibungen seiner Heimatstadt
Bilbilis scheint der Großstädter nach vierunddreißigjähriger
Abwesenheit sich unter rückständigen Provinzlern nicht recht
wohl gefühlt zu haben: in der Vorrede zu seinem letzten, dem
12. Buch, beklagt er sich über das Fehlen eines intelligenten Pu-
blikums, den Mangel an gesellschaftlichem Leben und die Eng-
stirnigkeit und Bösartigkeit seiner Hinterwäldler.

Um das Jahr 104 ist er dort gestorben. Plinius (Ep. 3, 21)
schrieb bei dieser Gelegenheit an seinen Freund Priscus: „Mit

---

2. Väter von drei Kindern erhielten wesentliche bürgerliche Vorteile, ins-
besondere Bevorzugung bei Bewerbung um öffentliche Ämter sowie bessere
Sitze im Theater. Dies Recht (ius trium liberorum) konnte gnadenhalber an
Kinderlose und sogar Unverheiratete verliehen werden. Martial war höchst-
wahrscheinlich unverheiratet.

3. In der Kaiserzeit hatten Konsulat und Tribunat jede politische Bedeu-
tung verloren und waren reine Ehrenämter geworden, die der Kaiser daher
für kürzere Perioden als ein Jahr verlieh. Der tribunatus semestris wurde
auf sechs Monate befristet; seine Verleihung schloß Erhebung in den Ritter-
stand ein.

Einführung 9

großem Bedauern erfahre ich, daß Martial gestorben ist. Das
war ein Mann von Talent und scharfer, durchdringender In-
telligenz, überaus witzig-boshaft, aber ebenso aufrichtig. Ich
gab ihm das Reisegeld, teils aus Freundschaft, teils weil er ein
Gedicht über mich schrieb" (Martial 10, 20 – der nicht uneitle
Plinius zitiert es ausführlich).

Die Erscheinungszeit der einzelnen Bücher ist nicht gesichert.
Man nimmt an, daß als erstes das *Liber spectaculorum*
erschien, vielleicht im Jahre 80, anläßlich der Einweihung des
flavischen Amphitheaters (Kolosseum), also noch unter Titus;
es besteht nur aus zweiunddreißig zum Teil unvollständigen
Gedichten, und sein korrekter Titel ist *epigrammaton liber*. Als
nächstes erschienen die jetzt zuletzt aufgeführten Bücher 13 und
14, *Xenia* und *Apophoreta* (wahrscheinlich 84/85), danach
85/86 Buch 1 und 2, 87/88 Buch 3 und 4, 89 Buch 5, 90 Buch 6,
92 Buch 7, 93 Buch 8, 94 Buch 9, 98 Buch 10 (es liegt uns nur in
der zweiten, von Martial selbst verbesserten und vermehrten
Auflage vor; dadurch erscheinen jetzt Nerva und Trajan in
falscher Reihenfolge), 96 Buch 11, 101 Buch 12.

In Martials Gedichten spiegelt sich das buntschillernde Leben
der Großstadt; er verachtete traditionellen mythologischen
Bombast, wenngleich manche seiner Gedichte offenbar auf Be-
stellung angefertigte Gelegenheitsgedichte sind, die mytho-
logischer Anspielung nun einmal nicht entraten durften. Und
wie lebendig ist dies Rom, das er uns vor Augen stellt: Wahr-
sager, Berufsathleten, Stutzer, Erbschleicher, Quacksalber,
Schmarotzer, Straßenhändler; Protzen und Geizkragen, Dich-
ter und Dichterlinge; Straßenhuren, grandes cocottes und ehr-
bare Matronen; poules de luxe und junge Bräute aus hohem
Stand; Tierhatz und Gladiatorenkampf; brüderliche und ehe-
liche Liebe, aber auch Ausschweifung, Unmäßigkeit und Laster.

Dies bringt uns zu dem oft gegen Martial erhobenen Vorwurf
der ,Obszönität' und der Tatsache, daß er, zusammen mit
Juvenal, als Kronzeuge für die ,sittliche Verkommenheit des
Heidentums' angeführt wird: er zeige eine sittlich entartete

Welt, die erst durch den neuen Glauben eine höhere Ethik empfangen habe.

Diese Betrachtungsweise ist unhistorisch und das von ihr proklamierte Werturteil von äußerster Fragwürdigkeit. Maßstäbe einer späteren, im Grunde lebens- und sexusfeindlichen Grundhaltung, in der geschlechtliche Aktivität schlechthin mit ,Sünde' gleichgesetzt wird, darf man nicht auf eine Zeit anwenden, in der sexuelle Aktivität verschiedenster Art entweder als ,normal' galt oder, wenn nach heutigen Begriffen ,abartig', mit einem Lächeln zur Kenntnis genommen wurde. Teile des menschlichen Körpers, die wir heute medizinisch-gelehrt umschreiben müssen, werden gemäß dem Grundsatz naturalia non sunt turpia beim Namen genannt. Soweit Sexuelles die damals geltenden Anstandsgrenzen überschritt, wurde es von Juvenal verurteilt, von Martial bewitzelt. Damals wie heute florierte der sexuelle Witz, alias Zote: entspringt er doch einem pläsierlichen Urtrieb, der im Witz keck über die Konvention triumphiert. So mahnt Martial denn auch den hauptberuflichen Anstoßnehmer, wegzuhören, wenn ihm etwas nicht passe, und nimmt für sich die Saturnalien-(Karnevals-)Freiheit in Anspruch. Übrigens wurden selbst aus der ad usum Delphini bestimmten Martial-Ausgabe Colessos (1701) von 1172 Gedichten nur 150 als obszön ausgemerzt.

Das auf Martials Witzen basierende Bild von der tiefen moralischen Verkommenheit Roms ist eine tendenziöse Fälschung. Es ist ja das Atypische, das Groteske und Lächerliche, womit sich Gesellschaftskritiker und Satiriker befassen. Auch heute bleiben zehntausend glückliche Ehen unerwähnt, während die extravaganten Triangel oder Polygone von Filmstars und Playboys eine gewisse Presse füllen; und das von Martial gezeichnete Bild findet, wie jeder Kenner der Antike weiß, sein Korrektiv in den bürgerlichen Tugenden einer gehobenen Schicht, wie sie zum Beispiel Plinius repräsentiert. Kaiser wie Nerva, Trajan, Hadrian kompensieren das düstere Bild, wie es der Romantiker Tacitus mit unvergleichlicher Brillanz und ebenso unvergleichlicher Einseitigkeit und Voreingenommenheit von

Einführung 11

anderen Kaisern malte. Und schließlich hielt ja dieser angeblich von Lastern ausgehöhlte Staat, diese ‚verrottete‘ Gesellschaft noch Hunderte von Jahren zusammen. Martials Welt war eben die Großstadt, wenn er auch oft des Großstädters romantisches Sehnen nach ländlicher Einfalt äußert; wir dürfen es nicht allzu ernst nehmen. Die Großstadt hat von jeher Laster und Luxus gepflegt – jenen Luxus, den man immer geschmäht, aber immer geliebt hat. Damals hatte aber schon eine gewisse Dezentralisation begonnen: die Stadt Rom war nicht mehr mit der ganzen römischen Gesellschaft – der des Reiches – identisch. So müssen wir denn Martial in seinem Milieu begreifen: als den frechen und brillanten Boulevardier, der nicht predigt, sondern lacht.

Die Grundhaltung Martials aber ist nicht die des eifernden Satirikers; er besitzt vielmehr das, wofür weder das Griechische noch das Lateinische ein einzelnes Wort hatte – Humor. Humor, der nicht allein den Kopf, sondern auch das Herz sprechen läßt; der menschliche Schwächen weniger verdammt als belächelt, der eigenen Fehler eingedenk. Der Humorist will nicht, wie der scheltende Sittenprediger, eine verdorbene Welt verbessern: er ist lediglich belustigt – und im Grunde dort optimistisch, wo der andere Pessimist ist. Was er kritisiert, sind weniger Laster als vielmehr Verstöße gegen den guten Geschmack – dieselbe urbanitas, die ihrerseits den römischen Humor von Anbeginn auszeichnete; und soweit er Gesellschaftskritik übt, ist sie eher impliziert – ja, sie mag uns erst im Rückblick als solche erscheinen.

In vielen Martial-Übersetzungen sind ‚anstößige‘ Gedichte weggelassen worden; in anderen, besonders anglo-amerikanischen (Bohn, Loeb), werden die ‚heiklen‘ Gedichte in der italienischen Übertragung von Graglia (1795–98) wiedergegeben – offenbar in der Annahme, daß Kenntnis des Italienischen vor Sittenverderb schütze. Die vorliegende Auswahl geschah lediglich nach folgendem Prinzip: Ist ein bestimmtes Gedicht amüsant, noch heute verständlich oder kulturhistorisch interessant? Da viele Gedichte Martials entweder ohne langwierige Erläuterungen für den Nichtfachmann unverständlich oder wenig unterhaltsam wären oder Anspielungen enthalten, die selbst dem Philologen nicht mehr deutlich sind, wurden sie weggelassen; ebenso solche, in denen ein schon öfter behandeltes Thema mit geringer Abwechslung aufs neue erscheint. Andere Gedichte haben uns in verderbter Überlieferung erreicht oder sind Bruchstücke; andere wiederum beruhen auf unübersetzbaren griechisch-lateinischen Wortwitzen. Jedenfalls wurde kein Gedicht ausgelassen, nur weil es ,unanständig' war; hier und da wurde etwas abgeschwächt und umschrieben, aber Verlag und Übersetzer wenden sich an ein reifes und verständiges Publikum, dem einen kastrierten Martial vorzusetzen eine Impertinenz wäre. Eine kleine Anzahl Gedichte erschien der Wiedergabe nicht wert, weil sie entweder unbedeutend waren – Martial selbst gibt ja zu, daß seine enorme Produktion hier und da von ungleichem Wert war – oder lediglich ein Schimpfwort ohne Witz zur Pointe hatten.

Dem Leser mit Lateinkenntnissen wird ein Vergleich mit dem Original empfohlen. Dieser Übersetzung liegt zugrunde die Ausgabe von W. M. Lindsay ([2]1929, letzter Nachdruck 1962 in der Reihe Oxford Classical Texts); wo der Übersetzer eine andere Lesart bevorzugt, ist dieses bemerkt. In den Anmerkungen wurde gelegentlich der Kommentar von Ludwig Friedländer (1886) benutzt.

Zur Übersetzung selbst sei bemerkt, daß sie im allgemeinen die Versmaße des Originals wiedergibt. Martial bevorzugte das elegische Distichon (Hexameter+Pentameter, manchmal nur ein Verspaar, manchmal in längerer Reihe), den Hendekasyllabus oder Elfsilber nach dem Schema

$$\leq - \,|\, \leq - \cup \cup \,|\, \leq \cup \,|\, \leq \cup \,|\, \leq \cup$$

und den Skazon oder Choliambus (Hinkjambus) nach dem Schema

$$\cup \leq \cup \leq \, \leq \cup \leq \cup \, \leq \cup \leq \leq \cup$$

– das Stocken des Rhythmus im letzten Fuß gibt einen komischen Effekt (obwohl Martials Vorgänger und Vorbild Catull dieses Versmaß auch für rein lyrische Gedichte verwendete).

Einführung 13

Seltener verwendet Martial andere Versmaße, so den Hexameter allein (ganz selten besteht ein Epigramm aus einem einzelnen Hexameter), den jambischen Senar und andere.

Der Übersetzer hat sich in seltenen Fällen die Freiheit erlaubt, moderne Versmaße und sogar den im Altertum unbeliebten Reim (der nur im Pentameter zugelassen war) zu benutzen, besonders dann, wenn eine Pointe auf diese Weise besonders gut zur Geltung zu kommen schien oder wenn eine längere Folge von antiken Versen modernem Sprachgefühl entgegenlief. Das Deutsche, unvergleichlich geeigneter als Englisch oder Französisch, sich ,antiker Form zu nähern', hat ja alle antiken Versmaße wiedergegeben, und die Verskunst von Goethe, Schiller, Hölderlin, Rückert, Platen blieb anderen Sprachen unerreichbar; trotzdem hat sich der Übersetzer gelegentlich unterfangen, nicht nur die Form der Übersetzung zu modernisieren, sondern sogar gleichwertige Ausdrücke aus heutiger Umgangssprache und Großstadtslang dort einzusetzen, wo Martial das gleiche tat.

Die von Martial gebrauchten Namen beziehen sich natürlich nur bei Lob- und Schmeichelgedichten auf wirkliche Personen; ansonsten sind es ,typische' Namen. ,Zoilus' ist ein Neider oder Lüstling, Hetären haben griechische Namen (Laïs, Thaïs, Chione), ebenso Sklaven sowie Freigelassene orientalischen Ursprungs. Römische Namen (Gallus, Galla, Polla, Gellius) bedeuten im allgemeinen nicht mehr als einen beliebigen Herrn Schulze, M. Dupont oder Mr. Smith; wo auf Stadtbekanntes angespielt wird, mag der von Martial gebrauchte Name das metrische Äquivalent des wirklichen darstellen (siehe 3, 8 und 11). Oft sind längere Namen dem Dichter des Metrums wegen willkommen: bietet doch der Vokativ die dringend benötigten Kurzsilben. Außerdem füllt ein Vokativ wie ,Caeciliane' (es ist müßig, über die gelegentliche Lesart ,Caediciane' zu streiten) $1^{1}/_{2}$ von den vorgeschriebenen 2 Daktylen der zweiten Pentameterhälfte [4]. Gelegentlich benutzt Martial Namen auch zu griechisch-lateinischen Wortwitzen.

---

4. Daß der Pentameter, wie sein Name besagt, aus $2 \times 2^{1}/_{2}$ Füßen bestehe, war die – heute widerlegte – Meinung der antiken Metriker.

Einführung

Kaum der Erwähnung bedarf es, daß mit Ausnahme der *Xenia* und *Apophoreta*, wo Martial ausdrücklich selber Überschriften gibt, die sonstigen Lemmata in diesem Bande auf Rechnung des Übersetzers kommen. Er ist sich auch bewußt, daß es ausgezeichnete moderne deutsche Martial-Übersetzungen gibt: während seiner Arbeit hat er es absichtlich vermieden, in diese Einsicht zu nehmen, um nicht etwa unbewußt, mit dem Klang einer Meisterübersetzung noch im Ohr, zu plagiieren. Möge der Leser mit Sinn für Humor an Martial – auch im Barbarengewand – seinen Spaß haben!

Harry C. Schnur

LIBER SPECTACULORUM

5/6
Der Stier und das Weib

Glaubt, daß sich Pasiphaë dem Stier von Kreta verbunden:
  haben die Sage wir doch   nunmehr bestätigt gesehn.
Caesar, es brüste sich nicht legendenumwobene Urzeit,
  denn was die Fabel erzählt,   bietet dein Zirkus dir dar.
Nicht genug, daß dir Mars, der waffengewaltige Kriegsheld,
  dient, den keiner bezwingt –   Venus selbst dient dir getreu.

8
Flügellos

Daedalus, da dich nunmehr lukanische Bären zerreißen,
  ach, wie gern hättest du   jetzt deine Flügel zur Hand!

10
Der bestrafte Löwe

Seinen Bändiger hatte der Löwe treulos verwundet,
  ja, er verletzte die Hand,   die ihn gehegt und gepflegt.
Doch für solches Vergehn erlitt er gebührende Strafe,
  er, der sich Schlägen entzog,   wurde erschlagen dafür.
Welche Gesittung ziemt nicht unter diesem Herrscher uns
                                        Menschen,
  der selbst wildem Getier   zahmeres Wesen befiehlt!

12
Leben aus Tod

Bei der Wildhatz, die Caesar Diana zu Ehren gegeben,
  traf und durchbohrte der Spieß   tödlich die trächtige Sau.
Aus der Wunde des Muttertiers entschlüpfte ein Frischling –
  grause Lucina, ist denn   das, was Gebären man nennt?
Gern wohl hätte die Bache noch viele Wunden erduldet,
  hätten ans Licht ihrer Brut   so sie geöffnet den Weg.
Daß den Bacchus im Sterben die Mutter geboren – wer
  leugnet's?
So ward geboren ein Gott –   selbst einem Tier ja geschah's.

16
Die Himmelfahrt

Daß in die Lüfte der Stier aus der Arena emporstieg,
  war nicht Technik allein –   Gottesdienst war es zugleich.

17
Der fromme Elefant

Caesar: der Elefant, der grad den wilden Stier
  besiegte, beugte demutsvoll sein Knie vor dir.
Er tat's nicht auf Befehl – er wurde nicht dressiert:
  des Gottes Gegenwart hat selbst das Tier gespürt.

29
Unentschieden

Als sich lange der Kampf zwischen Priscus und Varus schon
  hinzog,
unentschieden schon lang   schwankte das scharfe Gefecht,

Liber spectaculorum

und das Publikum laut den Abbruch des Kampfes verlangte,
    gab der Kaiser nicht nach,   folgend dem eignen Gesetz:
Dauern muß ein Duell, bis einer besiegt ist und aufgibt.
    Speisen und Gaben jedoch   teilt' er – das durfte er – aus.
Schließlich jedoch kam das Ende des unentschiedenen Kampfes:
    Gleich hatten beide gekämpft,   gleichzeitig gaben sie auf.
Beiden sandte der Kaiser den Stab und die Palme des Siegers:
    Dies war der Preis für den Mut   und für der Fechter
                                                Geschick.
Dir nur, Caesar, gelang's, denn dies vermöchte kein andrer:
    daß im Kampfe zu zweit   beide zum Sieger erklärt.

ERSTES BUCH

1

Ruhm des Dichters

Ja, er ist's, den du liest, nach dem du fragest,
der Martial, welcher weltbekannt geworden
durch sein witziges, feingeschliffnes Bändchen.
Ihm hast du, treuer Leser, Ruhm verliehen,
wie ihn selten posthum ein Dichter erntet.

2

Der erste Reclamband

Wenn du, wo du auch bist, mein Bändchen mitnehmen möchtest,
    so daß es auch unterwegs   Reisebegleiter dir sei,
kauf die im Kleinformat geschriebene Taschenausgabe:
    andere füllen den Schrank,   handlich dagegen bin ich.
Wisse jedoch, wo zu haben ich bin, sonst läufst du vergebens
    rings in ganz Rom herum,   ich aber sag dir's genau.
Geh zu Secundus, der einst dem gelehrten Lucensis gedient hat,
    hinter dem Tempel der Pax,   an dem palladischen Markt.

8

Zu Lebzeiten

Daß du der hohen Tugend von Cato und Thrasea nachstrebst
    und, prinzipiengetreu,   doch nicht dein Leben verwirkst,
billige ich. Auch daß du die Brust nicht dem Schwerte entblößest,
    deckt sich genau mit dem,   was, Decianus, ich will.
Mir mißfällt's, wenn ein Mann mit Blut seinen Ruhm sich
                                erkauft hat;
jenen ziehe ich vor,   welchen man lobt – und der lebt.

Erstes Buch

9

Der Playboy

Cotta, ein Mann von Welt und ein großer Mann willst du scheinen,
aber ein Mann von Welt   ist nur ein Männchen, kein Mann.

10 (Hinkjamben)

Ihr einziger Reiz – der Hustenreiz

Gemellus wirbt um Maronilla – zwecks Hochzeit.
Er freit, er läßt nicht locker, bettelt, bringt Gaben –
Ist sie so schön denn? Nein, sie ist ja grundhäßlich.
Was also kann so sehr ihn reizen? – Ihr Husten.

13

Heldenmut

Als ihrem Paetus die züchtige Arria den Dolch überreichte,
den sie soeben sich selbst   tief in die Weichen gebohrt,
sprach sie: „Glaub mir, es schmerzt nicht die Wunde, die ich mir geschlagen,
aber was *du* tun wirst,   Paetus, verursacht mir Pein."

15

Carpe diem!

Julius, mein alter Freund, den vor allen andern ich schätze,
wenn Verbundenheit, wenn   Freundschaft von ehemals gilt:
Schau, du hast schon bald deine sechzig Jährchen vollendet
und die Tage, die dir   jetzt noch verbleiben, sind kurz.
Unklug wär' es daher, wenn Genüsse, die fliehen, du aufschiebst
oder glaubst, daß nur das,   was du schon hattest, genügt.

Was uns bleibt, ist die Sorge, die schweren Ketten der Pflichten,
  Freude jedoch wartet nicht,   nein, sie fliegt eilends hinweg.
Greife mit beiden Händen nur zu und such sie zu packen:
  oft genug ja entflieht,   selbst wenn wir's greifen, das Glück.
Glaub mir, der Weise sagt nicht: „Ich *werde* das Leben
                                    genießen."
  Morgen ist's schon zu spät: Heute genieße und leb!

16
Gemischt

Manches ist gut, nur mäßig ist manches, und schlecht auch ist
                                    vieles,
  was du hier liest: nur so   schreibt man, Avitus, ein Buch.

18
Gepanscht

Tucca, was hast du davon, wenn du alten Falerner vermischest
  mit dem heurigen Wein   aus vatikanischem Faß?
Welchen Nutzen brachte dir schon der übelste Krätzer,
  und das beste Gewächs –   hat es dir Schaden gebracht?
Auf uns kommt's ja nicht an, doch edlen Falerner zu morden,
  Krätzer zu panschen hinein,   Frevel und Sünde ist das.
Deine Gäste mögen vielleicht verdienen zu sterben,
  aber so köstlicher Wein   hat doch den Tod nicht verdient.

19
Die Zahnlose

Noch vier Zähne waren dir, Aelia, glaub ich, verblieben:
  zweimal hustetest du,   zwei mal zwei fielen dir aus.
Huste jetzt nur, sooft es dir paßt – was kann schon passieren?
  Wenn du zum dritten Mal   hustest, kommt gar nichts heraus.

Erstes Buch

20

Der Fresser

Worüber regt man sich auf? Deine Gäste sitzen und glotzen,
  du aber, Caecilian, frißt Champignons ganz allein.
Solch einem Fresser und Gierschlung – was soll man ihm
                                  Passendes wünschen?
  Pilze essen sollst du wie sie einst Claudius aß.

24

Der Heuchler

Sieh, Decianus, den Kerl mit dem struppigen Haarschopf: man
                                  möchte
  Angst haben, wie der so schaut, griesgrämig, sittengestreng.
Immer redet er nur von Moral und der Vorväter Sitten,
  aber der Augenschein trügt: gestern, da war er die Braut.

28

Im Suff

Glaubst du, Acerra stinkt nach dem Wein, den er gestern
                                  getrunken?
  Falsch! Acerra säuft stets bis in den Morgen hinein.

29

Der Plagiator

Fidentinus, ich hörte, daß meine Gedichte du vorträgst,
  aber den Anschein erweckst, daß du sie selber verfaßt.
Sag, daß es meine sind, dann schick ich dir Freiexemplare,
  oder bezahl mich dafür, wenn du mein Werk plagiierst.

30
Der Kliniker

Einst war Diaul ein Chirurg, jetzt ist er ein Leichenbestatter:
auf die Bahre bringt er Menschen, so gut wie er kann.

32
Antipathie

Ausstehen kann ich dich nicht. Warum? Das kann ich nicht
sagen.
Eines nur weiß ich gewiß: ausstehen kann ich dich nicht.

33
Aufrichtige Trauer

Gellias Vater verstarb, und sie weint – doch nicht, wenn sie
allein ist;
sind aber Leute dabei, spritzen die Tränen hervor.
Gellia, Trauern heißt nicht, daß man Anerkennung erwartet:
echt ist der Schmerz, den man fühlt, ohne daß Zeugen ihn
sehn.

34
Die Exhibitionistin

Lesbia, nicht bewacht und offen ist immer die Türe,
wenn du Ehebruch treibst – ja, und du stellst es zur Schau.
Der Voyeur erregt dich stärker, scheint's, als dein Geliebter:
was im geheimen du treibst, hat für dich gar keinen Reiz.
Selbst eine Dirne will keine Zeugen, schließt Vorhang und
Riegel,
und in das schlimmste Bordell schaut man nur selten hinein.

Erstes Buch

Lerne doch wenigstens Anstand von Chione oder Iaïs:
  hinter Grabmälern versteckt   niedrigstes Hurenpack sich.
Scheint dir meine Kritik vielleicht zu streng? Ich verwehr nur,
  daß du erwischen dich läßt,   nicht, daß du Unzucht betreibst.

35

Wider den tierischen Ernst

Du klagst, ich schreibe zu frivole Verse,
die für die Schule gänzlich ungeeignet.
Doch, Freund Cornelius, kann der Frau gefallen
ein Mann, dem es an Gliedeshärte mangelt?
Wie kann ich Polterabendlieder singen,
wenn Hochzeitnächtliches drin nicht erwähnt wird?
Wer wird in Fastnachtmummenschanz sich kleiden
und leichten Flittchen Flitter nicht gestatten?
Das ist nun einmal, was Humor erfordert:
Pikanterie – sonst gibt es Langeweile.
So sei denn bitte nicht so tierisch ernsthaft
und zeig mal Sinn für Witze und für Späße!
Versuche nicht, mein Büchlein zu kastrieren:
entmannt man den Priapus, ist er scheußlich.

36

Bruderliebe

Wäre euch Brüdern, Lukan und Tullus, das Schicksal beschieden,
  wie es dem Zwillingspaar   Ledas die Götter vergönnt,
würde ein edler Wettstreit der Bruderliebe entbrennen:
  jeder stürbe sodann   gern an des anderen Statt.
Wer von euch beiden als erster der Unterwelt Schatten
                                      erreichte,
  sagte dann: „Leb deine Zeit,   Bruder, und meine dazu!"

38

Die eigene Note

Mein Gedichtband ist es, aus dem, Fidentinus, du vorträgst,
 doch weil du schlecht rezitierst, wird er dein eigener schon.

40

Ein Kritiker

Der du die Nase rümpfst, weil dir mißfällt, was ich schreibe:
 alle beneide, du Tropf, keiner sei neidisch auf dich!

41

Kein Humorist

Für einen Humoristen hältst du dich, Caecil?
Das bist du nicht: ein Possenreißer bist du,
ein Hanswurst, wie er in Trastevere
Glasscherben gegen Schwefelfäden eintauscht;
der Eckenstehern Erbsenbrei verkauft,
der sich mit Schlangen um den Hals zur Schau stellt,
ein Knecht, der mit geselchtem Fleisch hausiert,
ein Koch, der heiser brüllend in den Kneipen
Fleischklöße feilhält; Moritatensänger;
ein Spanier, der mit Tänzerinnen handelt;
das Schandmaul eines lasterhaften Alten.
Drum hör schon auf, für das dich auszugeben,
wofür, Caecil, nur du allein dich ansiehst:
daß Gabba wohl und Tettius Caballus
mit deinen Späßen du zum Schweigen brächtest.
Nicht jedem ist Geschmack verliehen; welcher
mit blöden Witzen fade Possen reißt,
der ist kein Tettius – er ist ein Roß nur.

Erstes Buch

46

Gut Ding will Weile haben

Wenn du mir sagst: „Ich hab Eile, nun mach schon!" Hedyle, hängt mir
schlaff und außer Gefecht   Venus das schwächliche Haupt.
Sag lieber: „Laß dir doch Zeit!", dann schwillt viel schneller der Kamm mir:
Hast du es eilig, mein Kind,   sag dann: „Beeile dich nicht!"

54

Der neue Freund

Kannst du, Fuscus, noch treue Freunde brauchen –
denn du hast ja so viele und allerorten –,
bitt ich, falls es noch frei ist, um ein Plätzchen.
Weise mich nicht zurück, nur weil ich neu bin:
deine Freunde sind's auch einmal gewesen.
Sieh nur zu, ob der neue Freund, der vorspricht,
dir ein alter Gefährte werden könnte.

57

Sein Geschmack

Welche Art Mädchen ich möchte und welche ich nicht möchte,
fragst du?
Nicht allzu leicht mache sie's mir, aber auch nicht zu schwer.
Was in der Mitte sich hält von beiden Extremen, das liegt mir:
weder geplagt wünsch ich   noch übersättigt zu sein.

61

Ruhm in der Heimat

Verona liebt des hochgelehrten Dichters
Elfsilbler; glücklich rühmt sich Mantua Vergils.
Durch Livius ward Padua berühmt,
Stella und Flaccus stammen auch von dort.
Apollodorus preist das Land, vom Nil bewässert,
und im Pälignerland erschallt der Ruhm Ovids.
In Cordova, dem Hort der Bildung, spricht man
von beiden Senecas, vom einzigen Lukan.
Das lose Cadiz freut sich seines Canius,
und Merida schätzt meinen Freund Decian.
Und unser Bilbilis, Licinianus,
ist stolz auf dich und wird auch mich erwähnen.

63

Vorsicht

Ich soll dir meine Verse rezitieren?
Nein, Celer – denn du willst dich revanchieren.

71

Der Trinkspruch

Laevia begieß ich mit sechs, mit sieben Gläsern Justina,
   Lycas mit fünf, mit vier   Lyde, und Ida mit drei.
Jede Geliebte zähle ein Glas, gefüllt mit Falerner,
   und da keine sich naht,   komme, o Schlaf, du zu mir.

Erstes Buch

73

Verbotene Frucht

Niemand gab's in ganz Rom, der dein Weib hätte anrühren
wollen,
Caecilian – selbst umsonst, einst, als es jeder gedurft.
Jetzt, da du sie unter Aufsicht gestellt, da wimmelt's von Freiern,
jeder will einmal heran: Freund, du bist gar nicht so dumm.

74

Der Beweis

Ehebruch trieb er mit dir; das konntest, Paula, du leugnen.
Jetzt aber ist er dein Mann: leugnest du, Paula, es noch?

75

Vorteilhafter

Wer dem Linus den halben Betrag lieber schenkt, als den ganzen
ihm zu leihen, der büßt lieber die Hälfte nur ein.

79

Der G'schaftlhuber

Immer betreibst du Prozesse und immer betreibst du Geschäfte,
ob's etwas gibt oder nicht, Attalus, stets ist Betrieb.
Wenn's an Prozessen dir fehlt und Geschäften, so treibe doch Esel,
und gibt man sonst dir nichts auf, Attalus, gib auf den Geist.

84 (Hinkjamben)

Eigenproduktion

Vom Ehestande hält der Quirinal gar nichts,
doch Söhne will er haben, und nimmt *den* Ausweg:
mit seinen Mägden schläft er, und erzeugt dadurch
in Eigenproduktion sich Ritter aus Sklaven.
Er füllt sich Haus und Hof mit dem Nachwuchs:
das heiß ich mir doch einen guten Hausvater.

91

Der Rezensent

Deine Gedichte gibst du nicht heraus, doch bekrittelst die meinen:
lasse die meinen in Ruh' oder gib deine heraus!

98

Gicht

Diodor prozessiert und leidet, Flaccus, an Fußgicht.
Doch seinem Anwalt bezahlt gar nichts er: Handgicht ist das.

107

Mäzen gesucht

Oftmals sagst du zu mir, mein teuerster Lucius Julius:
„Schreib was Bedeutendes doch; sei nicht so faul, Martial."
Dann gib mir freie Zeit, doch solche, wie einstmals Maecenas
seinen Freunden, Horaz und dem Vergil, hat gewährt.
Dann will ich Großes versuchen, das überdauernd die Zeiten
mich den Flammen entreißt, ewigen Ruhmes gewiß.
Ungern pflügen die Stiere in dürrem Boden; doch ist er
fett, so ermüden sie zwar, aber die Mühe tut wohl.

109

Das herzige Hunderl

Issa, schelmischer als Catullus' Sperling,
Issa, reiner als Täubchen küssend schnäbeln,
Issa, zärtlicher selbst als alle Mägdlein,
Issa, kostbarer als Orientjuwelen,
Issa ist des Publius Lieblingshündchen.
Weint sie, möchte man glauben, daß sie redet;
sie bemerkt, ob er traurig oder froh ist,
und sie schläft, sich an Herrchens Hals anschmiegend
so, daß ihr Atemholen nicht zu hören.
Doch so sehr auch ihr Bäuchlein sie bedränget,
nie hat nur ein Tröpfchen befleckt die Decke,
sondern kratzend, mit sanftem Pfötchen, bittet
sie, daß man sie herabhebt und hinausläßt.
Ja, so züchtig und keusch ist dieses Hündchen,
daß sie Liebe verschmäht, und keinen Gatten
findet man, der der Jungfer würdig wäre.
Um sie einstmals nicht gänzlich zu verlieren,
hat sie Publius porträtieren lassen.
Auf dem Bild wirst du Issa ähnlich sehen,
so, wie selber sie sich kaum ähneln könnte.
Setze Issa neben dem Bilde nieder,
und du glaubst entweder, daß beide echt sind
oder daß alle beide nur gemalt sind.

110

Kurzgefaßt

Du beklagst dich, Velox, daß meine Gedichte zu lang sind,
  du aber schreibst gar nichts: kürzer daher faßt du dich.

117

Der Nassauer

Wenn du mich, Lupercus, triffst, sagst du immer:
„Soll ich nicht zu dir einen Diener schicken,
dem du dein Epigrammbuch geben könntest?
Wenn ich's aus habe, schick ich gleich dir's wieder."
Mach doch aber dem Burschen nicht die Mühe:
weit ist ja der Weg bis zu meiner Wohnung,
und drei steile Treppen müßt' er ersteigen.
Was du brauchst, kannst du näher dir beschaffen,
denn du gehst ja oft nach dem Argiletum:
dicht beim Markte Caesars, da ist ein Laden,
wo man Bücher von Dichtern draußen anzeigt
und du lesen kannst, was man alles feilhält.
Kauf mich dort: du brauchst nur den Chef zu fragen
(der Atrectus heißt: ihm gehört der Laden),
und er gibt dir, vom obersten oder zweiten
Fach herab, den Martial, hübsch eingebunden
und mit Goldschnitt, der fünf Denare kostet.
„So viel bist du nicht wert", sagst du, Lupercus?
Ja, da hast du recht, und ich kann's nicht leugnen.

118

Genug ist genug

Wer nach einhundert Verslein
Noch nicht befriedigt ist,
Der ist, Caedicianus,
Ein rechter Masochist.

ZWEITES BUCH

5
Zu weit

Alle Tage verbrächte ich gern mit dir, Decianus,
  und – ich schwör's – auch zur Nacht   wäre ich gerne bei dir.
Aber zwei Meilen sind es, die unsere Wohnungen trennen;
  hin und zurück sind das   volle vier Meilen für mich.
Oft bist du nicht zu Haus, auch läßt du dich manchmal verleugnen,
  wenn vor Gericht du plädierst   oder für dich brauchst die Zeit.
Kann ich dich sehen, so sind zwei Meilen zu Fuß nicht zuviel mir,
  doch um dich *nicht* zu sehn,   sind mir vier Meilen zu weit.

7
Hans in allen Gassen

Atticus, hübsch deklamierst du, und hübsch plädierst vor Gericht
                              du,
  schreibst Geschichte recht hübsch   und auch Gedichte sehr
                              hübsch.
Hübsche Schwänke verfaßt du und hübsch schreibst du auch
                              Epigramme,
  hübsch ist dein Lautenspiel,   und auch dein Ballspiel ist
                              hübsch.
Gutes zwar bringst du nicht fertig, doch hübsch verfertigst du
                              alles:
  wichtigtuerisch bist   du, und dazu Dilettant.

Zweites Buch

12
Verdächtig

Was bedeutet es, daß deine Küsse nach Myrrhen stets riechen
und eine Wolke von Duft, Postumus, stets dich umgibt?
Recht verdächtig find ich's, daß wohlriechend immer du duftest:
wer immer duftet, mein Freund, steht nicht in gutem Geruch.

13
Zahlen ist besser

Dein Anwalt und der Richter, die halten auf die Hand:
Den Gläubiger bezahle: dann zeigst du mehr Verstand.

20
Ganz legal

Paulus kauft sich Gedichte und rezitiert sie als seine:
stimmt – mit dem Kaufe erwirbt rechtlich das Eigentum man.

21
Mundgeruch

Postumus, manche küßt du, und anderen gibst du die Rechte.
Was möcht' ich lieber, fragst du? Postumus, reich mir die
Hand!

25
Der Flirt

Setz ich dir zu, so versprichst du's mir stets, doch verweigerst es
immer.
Legst du mich immer herein, Galla, sag endlich schon nein.

31
Mündlich

Mit Chrestina hab oft ich's getrieben. Wie gut sie's kann, fragst
du?
„Höher geht's nimmer hinauf",   ist meine Antwort, Marian.

38
Freuden des Landlebens

Was mein Gut bei Nomentum mir einbringt, fragst du mich,
Linus?
Dieses bringt es mir ein: daß ich dich, Linus, nicht seh.

55
Der Hochmütige

Unterwürfigkeit willst du – Freundschaft bot ich.
Nun, sei's drum: du befiehlst, ich unterwerf mich –
doch als Untertan kann ich nicht dein Freund sein.

56
Generös

Deine Frau steht, Gallus, in schlechtem Ansehn in Libyen:
   ganz unmäßig sei,   sagt man, ihr schmutziger Geiz.
Aber das ist gar nicht wahr: sie beschränkt sich nicht immer aufs
Nehmen.
   Was also pflegt sie zu tun?   Nun denn, sie gibt – nämlich sich.

57

Der Schein trügt

Der Herr, der hier gemeßnen Schrittes wandelt
und durch das Ladenviertel schlendert, mit dem feinsten
Purpur bekleidet; dessen elegante Mäntel
mein Freund, der Publius, nicht übertrifft,
noch Cordus, Ausbund aller Stutzer; dieser, welchem
Klienten folgen wie auch schöngelockte Pagen;
der eine Sänfte hat, mit neuem Vorhang und mit Riemen –
er hat soeben an der Bank des Cladus einen Ring versetzt
um knappe acht Denare, um zu speisen.

60

Vorsicht, nicht Rücksicht

Hyllus, mein Junge, du treibst's mit der Frau eines Haupt-
                                    manns: als Strafe
fürchtest du nämlich nur das,   womit man Knaben bestraft.
Aber ertappt dich dieser, so wird er, o weh, dich kastrieren.
„Aber das darf man doch nicht." –   Darf man vielleicht, was
                                    du tust?

65 (Hinkjamben)

Schade!

Warum sieht man so traurig den Saleianus?
„Ein ernster Anlaß: ich begrub ja mein Ehweib."
Verhängnisvoller Schicksalsschlag, o wie traurig!
Sie ist's, die starb, die reiche Frau, Secundilla,
die eine Millionenmitgift dir brachte?
Ich wünschte, *dir* wär's nicht geschehn, Saleianus.

Zweites Buch

78

Schlecht geheizt

Wo du zur Sommerszeit den Fisch bewahren sollst, fragst du?
  Heb ihn, Caecilian, in deinem Schwitzbade auf.

80

Paradox

Fannius hat auf der Flucht vor dem Feind sich das Leben
                                      genommen.
  Irrsinn nenne ich das: Selbstmord aus Furcht vor dem Tod.

88

Lieder ohne Worte?

Nichts trägst du vor, doch willst als Dichter gelten, Mamercus.
  Sei, was du willst – mir soll's recht sein, doch trage nichts vor!

90

An Quintilian

Quintilian, du großer Erzieher der unsteten Jugend,
  Quintilian, du Ruhm unseres Römergewands,
sieh es mir nach, daß ich, arm wie ich bin, mich beeile zu leben,
  denn sein Leben genießt kaum jemand eilig genug.
Zeit lasse sich, wer trachtet, ererbtes Gut zu vermehren,
  wer mit Urahnenbild eng den Salon sich verstellt.
Mir genügt mein Herd und ein Dach, wenngleich es verrußt ist,
  und ein lebendiger Quell springend aus wildem Gebüsch.
Satt soll mein Hausknecht sein, kein Blaustrumpf sei meine
                                      Gattin,
  Schlummer bringe die Nacht, keine Prozesse der Tag.

91
Petition

Retter des Reiches und Ruhm der Welt, erhabener Kaiser,
   der durch sein Dasein beweist,   daß es die Götter noch gibt:
Wenn du so oft mein hastig verfaßtes Büchlein gelesen
   und auf manchem Gedicht   gnädig dein Auge geweilt,
so gestatte mir das, was bisher das Geschick mir verweigert,
   daß als Vater von drei   Kindern ich gelten nun mag.
Hat mein Werk dir mißfallen, so diene mir dieses zum Troste,
   wenn es dir aber gefiel,   sei dies Belohnung für mich.

92
Erfolg

Das Recht, drei Kinder mein zu nennen, gab mir,
   der Muse zur Belohnung, Seine Hoheit:
das konnte niemand sonst. Jetzt, Gattin, weiche,
   daß nicht des Herren Gnade überflüssig scheine.

DRITTES BUCH

1

An den Leser, zur Einleitung

Was dieses Büchlein auch sein mag – dir schickt's von fernen
                                                    Gestaden
  Gallien, welches benannt   ward nach der Römer Gewand.
Wenn du es liest, gefällt dir vielleicht mein erstes Buch besser.
  Wie dem auch sei, es ist   jenes wie dieses von mir.
Besser gefalle vielleicht, was die Herrscherin Roma geboren:
  über den Gallier siegt   stets, wer gebürtig aus Rom.

4

Die Nase voll

Reise nach Rom, mein Buch. Wenn man fragt, woher du gekommen,
  sage: „Von daher, wohin   führt der Ämilische Weg."
Fragt man, in welchem Lande, in welcher Stadt ich verweile,
  magst du sagen, ich sei   jetzt in Korneliusmarkt.
Fragt man, warum ich fort sei, so antworte kurz, aber bündig:
  „Dieses Klientenbetriebs   Mummenschanz kotzte ihn an."
„Wann kommt er wieder?" wird's heißen; dann sage: „Als
                                                    Dichter verzog er,
  aber er kommt erst zurück,   wenn er die Zither erlernt."

5

Empfehlung

Soll ich dich vielen empfehlen, mein Büchlein, da du allein nun
  auf dem Weg bist nach Rom,   oder ist einer genug?
Einer ist, glaub mir, genug, bei dem kein Fremder du sein wirst:
  Julius ist es: im Mund   führe den Namen ich stets.

Drittes Buch

Frage nach ihm gleich dort, wo der Via Tecta Beginn ist:
  dort bewohnt er das Haus, welches einst Daphnis bewohnt'.
Auch eine Gattin hat er: die wird dich herzlich umfangen,
  ja, sie drückt dich ans Herz, bist du von Staub auch bedeckt.
Siehst du sie beide zugleich oder einen und dann erst den andern,
  sag ihnen dieses dann nur: „Marcus schickt herzlichen Gruß."
Dies ist genug: für andere braucht man empfehlende Schreiben,
  aber dem fehlt es an Takt, der sich den Seinen empfiehlt.

8

Liebe ist blind

„Quintus liebt Thaïs." – „Welche?" – „Die, der ein Auge fehlt." –
„Dem Quintus fehlen beide, wenn Thaïs er erwählt."

9

Unter Ausschluß der Öffentlichkeit

Verse soll gegen mich, wie ich höre, Cinna verfassen;
  aber schreibt einer denn, wenn sein Geschreib niemand liest?

10

Verschwender auf Raten

Zweitausend setzte dir aus als Monatswechsel dein Vater,
  und die zahlte man dir täglich in Raten nur aus,
Denn die Pleite von morgen kam gleich nach dem Prassen von
                                                        heute.
  So, mit täglichem Lohn, wurde dein Laster bezahlt.
Jetzt ist der Alte gestorben: du erbtest sein ganzes Vermögen,
  doch, Philomusus, damit hat dich dein Vater enterbt.

Drittes Buch

11

Verwechslung

Quintus, dein Schätzchen ist nicht einäugig und heißt auch nicht
Thaïs:
warum glaubst du, auf dich   ziele mein spottender Vers?
Wären die Namen sich ähnlich und schrieb ich ,Thaïs' statt ,Laïs' –
aber ,Hermione' klingt   gar nicht wie ,Thaïs', nicht wahr?
Gut, dein Name ist Quintus: so ändr' ich des Liebhabers Namen.
Wenn es dem Quintus nicht paßt: –   ,Sextus liebt Thaïs' sei's
dann.

12

Einbalsamiert, doch nicht diniert

Gestern hast du uns zwar schön parfümieret,
aber bei Tische wurde dann nichts servieret.
Schöner Witz – mit knurrendem Magen duften!
Wer nicht ißt, Fabullus, und eingesalbt wird,
der ist wirklich, so scheint mir's, eine Leiche.

13

Unverdaulich

Unangeschnitten läßt, Naevia, du die Fische und Hühner,
auch das Wildschwein, das schon   stinkt, bleibt vom Messer
verschont.
Dabei schlägst und beschimpfst du den Koch: roh hab er die
Speisen
aufgetragen. So roh,   Naevia, werd ich nie sein.

26

Monopol

Candidus, du hast allein deine Güter und Gelder zu eigen,
    dir alleine gehört   Goldgeschirr, dir Porzellan,
ganz alleine gehört dir dein Wein von edelstem Jahrgang,
    dir nur gehört dein Verstand,   dir nur gehört dein Talent.
Alles gehört dir allein – wie wagte ich das zu bestreiten –,
    doch mit der Menge des Volks   teilst du die Gattin, mein
                                Freund.

33

Die Hand, die wochentags den Besen führt ...

Mit einer Dame treib ich's am liebsten; ist da nichts zu machen,
    Freigelassene dann   kommen in engere Wahl.
Schließlich tut's auch eine Magd: ja, sie überflügelt die andern,
    wenn ihr Antlitz sie mir   frei läßt erscheinen und schön.

34

Schneewittchen

Daß deinen Namen zu Recht und zu Unrecht du trägst – ich
                               beweis es:
schwarz und frigide bist du –   bist Chione und bist's nicht.

35

Ein Kunstwerk

Sieh den schön ziselierten Kelch: die Fische –
gießt man Wasser hinein –, sie werden schwimmen.

Drittes Buch 41

36

Rekrutendienst

Was ein Freund für dich leistet, der kürzlich sich erst dir gesellt
hat,
　　solche Dienste verlangst　du, Fabianus, von mir.
Unrasiert muß ich dich bei Morgengrauen begrüßen,
　　neben der Sänfte daher　trotten durch Schlamm und durch
Dreck,
Ins Agrippabad dich um vier oder später begleiten,
　　wenn ich erschöpft bin und sonst　doch in das Titusbad geh.
Ist das der Dank, Fabianus, für dreißigjährige Dienstzeit,
　　daß ich, was Freundschaft betrifft, immer noch dien als Rekrut?
Habe ich das verdient in meiner verschlissenen Toga,
　　daß, Fabianus, du mich　immer noch nicht pensionierst?

38

Mit Gold gepflastert?

Sextus, was zieht dich nach Rom? Was hoffst du dort zu
erreichen?
　　Sage mir, was schwebt dir vor?　Sage mir, was du bezweckst. –
„Anwalt werde ich sein, beredter als Cicero selber,
　　und in keiner der drei　Kammern käm' einer mir gleich." –
„Civis und Atestinus – du kennst sie beide – plädierten,
　　aber keiner hat sich　damit die Miete verdient." –
„Bringt mir dieses nichts ein, so werde Gedichte ich schreiben,
　　höre sie an, und du sagst: ‚Das ist ein Werk von Vergil.'" –
„Bist du verrückt? Überall siehst du frösteln in schäbigen Mänteln
　　Dichter in Rom, die so gut　sind wie Vergil und Ovid." –
„Dann hofier ich die Reichen." – „Auch das ernährt nur ganz
wen'ge,
　　während die übrige Schar　bleich und verhungert man
sieht." –

42   *Drittes Buch*

„Rate mir, was soll ich tun? Ich beschloß es: in Rom will ich
                          leben." –
„Wenn du ein Ehrenmann bist,   lebst du durch Zufall
                          vielleicht."

41

Großartig

Großartig kommst du dir vor, weil du hundertfünfzig als Darlehn
    mir gewährt, wo du doch   förmlich im Gelde erstickst.
Großartig ist, Telesin, daß du freundlichst das Geld mir geliehen?
    Nein, großartig bin ich,   Freund, denn ich zahl es zurück.

43

Eitles Bemühen

Jugend täuschst du vor mit gefärbten Haaren, Laetinus,
    rabenschwarz ist jetzt dein Haar,   eben noch weiß wie ein
                          Schwan.
Aber nicht alle täuschst du: Proserpina weiß, daß du grau bist,
    und bald wird von dem Haupt   diese die Maske dir ziehn.

44

Furor poeticus

Warum kommt niemand gern dir in die Quere?
Warum weicht man dir aus, wo du auch auftauchst,
so daß du mutterseeleneinsam dastehst?
Ich will dir's sagen: weil du zuviel dichtest.
Dies, Ligurin, ist ein gefährlich Übel,
verderblicher als Tiger, dem die Jungen
geraubt, als Viper in der Mittagssonne
und ärger als der tückische Skorpion.
Wer kann, ich bitt dich, solche Last ertragen?

Du liest mir vor im Stehen und im Sitzen;
ich laufe – du liest vor; ich sitz am Lokus –
auch dort liest du mir vor; ich flieh ins Schwitzbad –
dort bist du auch und dröhnst mir in die Ohren.
Ich spring ins Wasser – doch ich darf nicht schwimmen;
ich eil zum Mahl – du hältst am Rock mich fest;
ich bin bei Tisch – du kommst und scheuchst mich fort,
ich bin ermüdet, schlafe – und du weckst mich.
Soll ich dir sagen, was du angerichtet?
Du bist ein braver Kerl, bist hochanständig –
und man hat Angst vor dir!

46

Der Stellvertreter

Du forderst unablässig Klientendienst von mir –
den Freigelaßnen schick ich an meiner Statt zu dir.
Du sagst: „'s ist nicht dasselbe"? – Viel mehr! Kaum halt
           ich Schritt,
wenn du im Tragstuhl ausgehst, doch er, er trägt ihn mit.
Er braucht die Ellenbogen, wenn's durch die Menge geht,
ich bin ja nur ein Herr – und bin leider kein Athlet.
Wenn vor Gericht du auftrittst, so steh ich schweigend da:
mit aufgerißnem Maul ruft er ‚Bravo!' und ‚Hurra!'
Wenn du dich streitest, schimpft er mit tierischem Gebrüll,
unflätig und vulgär. Ich? Aus Anstand bin ich still. –
„Was bietest du mir also an Freundschaftsdiensten an?" –
Das, was ein Freigelaßner, mein Freund, nicht bieten
               kann.

51

Verborgene Mängel

Wenn ich dein hübsches Gesicht, deine Arme und Beine bewundre,
  Galla, sagst oft du zu mir: „Nackt seh ich schöner noch aus."
Doch du vermeidest es immer, mit mir zusammen zu baden:
  fürchtest du etwa, daß ich   dir nicht gefalle, mein Kind?

52

Versicherungsbetrug?

Tongilian, dein Haus hat dich zweihunderttausend gekostet.
  Wie's nur zu oft hier geschieht,   ward es durch Feuer zerstört.
Eine Million kam ein. Ich frag dich: Hat's nicht den Anschein,
  daß du mit eigener Hand   Feuer ans Haus hast gelegt?

53

Überflüssig

Dein Frätzchen könnt' ich missen, liebes Kleinchen,
ich brauch nicht deine Arme, deine Beinchen
samt deinen Brüsten, deinen Hinterbacken,
auch liegt mir nicht sehr viel an deinem Nacken –
kurz, um nicht alles einzeln aufzuzählen:
Die ganze Chloë würde mir nicht fehlen.

60

Der Gast

Jetzt bin ich Gast: du speisest mich nicht wie früher mit Geld ab.
  Warum wird dann nicht uns   beiden dasselbe serviert?
Du schlürfst Austern, welche Lukrinischen Teichen entstammen,
  Pfahlmuscheln lutsche ich aus –   und es zerreißt mir den
                                    Mund.

Drittes Buch

Champignons ißt du und Trüffeln, doch ich gewöhnliche
Morcheln;
du zerlegst einen Lachs und einen Heringsschwanz ich.
Du stopfst dich voller Genuß mit riesigen Goldfasankeulen,
mir setzt Elstern man vor, welche im Käfig verreckt.
Warum muß ich mit dir, mein Freund, und doch ohne dich
speisen?
Jetzt, da die Sportel verfiel – iß doch zusammen mit mir!

61

Nichts

Was du von mir verlangst, sei ein Nichts, sagst du, schelmischer
Cinna.
Nun, wenn du nichts verlangst, Cinna, verweigre ich nichts.

63

Der Dandy

Cotilus, du bist ein Weltmann, und viele bestätigen dieses,
und ich hör's; aber was ist das, was ‚Weltmann' man nennt?
„Seine Frisur tupft ein Mann von Welt mit gebogenem Finger,
und nach dem feinsten Parfüm, Balsam und Zimt, duftet er,
trällert die neusten Schlager stets aus Ägypten und Cadiz,
und bewegt elegant, wie beim Ballett, seinen Arm.
Sitzt am Tage herum, wo die Sänften der Damen man findet,
immer säuselt er was einer ins Öhrchen hinein.
Billets-doux von hier und von dort liest er durch und verfaßt sie,
streift ein Arm sein Gewand, dann schreckt er ängstlich
zurück.
Alles weiß er: mit wem's welche treibt, wer von Schmause zu
Schmaus eilt,
auch mit dem Stammbaum Hirpins ist er vorzüglich
vertraut."

46 Drittes Buch

Was du nicht sagst! So etwas ist also, was ‚Weltmann‘ wir
nennen?
Ja, will ein Weltmann man sein, hat man es gar nicht so
leicht.

68

Warnung an die Damen

Gnädige Frau, nur bis hier ist für Sie mein Büchlein geschrieben.
„Und für wen denn danach?" fragen Sie? Nur für mich
selbst.
Jetzt kommen Sportplatz und Bad und Rennbahn. Achtung –
nicht weiter!
Hier ziehen Männer sich aus: wenden Sie züchtig den Blick!
Nach dem Dessert, dem Wein und den Rosen kommen die
Zötchen;
Terpsichore ist beschwipst, weiß schon nicht mehr, was sie
sagt,
redet nicht mehr durch die Blume: sie nennt den Gott jetzt bei
Namen,
den im Juni beim Fest Venus im Tempel empfängt –
Ihn, den der Gutsverwalter zum Gartenwächter bestellt hat
und vor dem die Maid keusch ihre Augen verdeckt.
Gnädige Frau, Sie kenn ich: schon waren des Büchleins Sie müde,
jetzt aber nehmen Sie's auf – jetzt wird es gründlich studiert.

69

Milchsuppe

Daß du nur züchtige Worte im Epigramme verwendest
und daß in deinem Gedicht niemals ein Schwänzlein sich
rührt,
anerkenn ich bewundernd: du glänzest im Heiligenscheine,
aber in meinem Buch ist jede Seite lasziv.

Drittes Buch 47

Meine Gedichte sind für das lockere Mädchen, den Nichtsnutz,
    und für den Lustgreis, der noch   eine Mätresse bedient.
Aber dein frommes Geseich, Cosconius, paßt sich für Kinder:
    Knaben lesen es wohl   oder die züchtige Maid.

70

Verbotene Frucht

Mit Aufidia hurst du, Scaevin, die einst deine Frau war,
    und *der* ist nunmehr ihr Mann,   der dein Rival früher war.
Warum gefällt dir nur eines anderen Frau, nicht die eigne?
    Kriegst du vielleicht ihn nicht hoch   dort, wo du sicher dich
                                 fühlst?

76

Der Antiquar

Vetteln bringen dich hoch, doch Junge, Bassus, verschmähst du:
    nicht die Schöne gefällt,   sondern die Sterbende dir.
Ist das nicht schierer Wahnsinn und ganz perverses Gelüste,
    daß du's mit Hekuba kannst,   doch mit Andromache nicht?

79

Der Anfänger

Alles fängt Sertorius an, nichts führt er zu Ende.
    Auch im Bette kommt er,   glaube ich, niemals zum Ziel.

86

Erneute Warnung

Vor dem Lesen des schlüpfrigen Teils meines Büchleins hab oft
ich,
   gnädige Frau, Sie gewarnt – aber Sie lesen es doch.
Wenn Sie, Gnädigste, schon im Theater die Farcen besuchen,
   ist, was ich schreibe, auch nicht schlimmer. So lesen Sie's halt.

90

Donna è mobile . . .

Galla sagt ja und dann nein: ob sie's will oder nicht will – ich
weiß nicht,
   aber ich glaube, daß sie selber nicht weiß, was sie will.

VIERTES BUCH

5

Aussichtslos

Anständig bist du und arm, aufrichtig mit Herz und mit Zunge –
   warum kommst du hierher?   Sag mir, was willst du in Rom?
Du kannst dich doch nicht als Kuppler, als Schwelger und
                                  Prasser betät'gen
   oder als Denunziant   Furchtsame ziehn vors Gericht.
Du kannst nicht die Frau eines guten Freundes verführen
   noch einem alten Weib   löschen die geilende Brunst.
Du kannst nicht mit hohen Beziehungen bluffen und handeln,
   auch Operettenstars   klatschst du nicht Beifall, mein Freund.
Wie wirst du leben, du Armer? – „Ein Freund bin ich, treu und
                                 verläßlich –"
   Darauf pfeift man in Rom: so wirst du kein Philomel.

7

Der Grausame

Hyllus, mein Junge: was gestern du gabst, verweigerst du heute?
   Gestern noch warst du so lieb –   was bist du heute so hart?
So – du bist schon zu alt? Schon wachsen dir Bart und die Haare?
   Hat *eine* lange Nacht   dich denn zum Greise gemacht?
Machst du dich über mich lustig? Noch gestern warst du ein
                               Knabe –
   sage mir, Hyllus, was hat   plötzlich zum Mann dich gemacht?

Viertes Buch

8
Tageseinteilung

Man verbringt die ersten zwei Stunden mit Morgenvisiten,
    und in der dritten schrein   heiser die Anwälte sich.
Bis zur fünften widmet sich Rom verschiedener Arbeit:
    eine Stunde wird dann   mittags Siesta gepflegt.
In der achten und neunten wird in der Palaestra gerungen,
    und mit der neunten dann stehn   Lager und Tafel bereit.
Für meine Büchlein ist, Euphemus, dann die zehnte gekommen,
    wenn du ambrosisches Mahl   stellst voller Sorgfalt bereit,
wenn unser gütiger Kaiser, entspannt bei ätherischem Nektar,
    mit seiner mächtigen Hand   maßvolle Becher ergreift.
Dann lasse vor meine Späße: es scheut sich meine Thalia,
    morgens mit freierem Schritt   sich unserm Gotte zu nahn.

12
Die Gefällige

Niemandem sagst du nein. Wenn du dich nicht darüber, Thaïs,
    schämen willst, schäme dich dann,   weil du zu nichts nein
                         gesagt.

15
Pumpversuch

Gestern batest du mich, dir tausend Sesterzen zu leihen
    kurzfristig, Caecilian –   für eine Woche sollt's sein.
„Leider hab ich sie nicht", sprach ich. Heut hast du Gesellschaft
    und ersuchst mich daher,   Silbergeschirr dir zu leihn.
Bist du verrückt, oder glaubst du, ich bin's? Eintausend
                                verweigert
    hab ich – und jetzt, glaubst du,   werd ich fünftausend dir
                            leihn?

Viertes Buch

21
Der Atheist

Der Segius behauptet, daß Gott nicht existiert:
er selbst dient zum Beweise, denn Segius floriert.

24
Frommer Wunsch

All ihre Freundinnen hat Lycóris zum Grabe geleitet.
Meine Frau kennt sie noch nicht: *die* Freundschaft sähe ich
gern.

32
Die Biene im Bernstein

Eingeschlossen schimmert die Biene in Phaëtons Tropfen,
und es schließt, wie es scheint, eigener Nektar sie ein.
Würdig wurde damit ihr Leben voll Arbeit beendet:
solchen Tod, wie es scheint, hat sie sich selber gewünscht.

38
Die Kokette

Galla, sträub dich: zu leicht mach mir's nicht, sonst langweilt die
Liebe,
tu aber alles mit Maß: sträub dich auch nicht allzu lang.

41
Ohrenschutz

Zum Deklamieren bereit, umhüllst du den Hals mit dem
Halstuch;
besser hätt' es jedoch unsere Ohren verhüllt.

44

Nach dem Vesuvausbruch

Kürzlich noch war der Vesuv beschattet von grünenden Reben,
edler Traubensaft ward   hier in die Kufen gepreßt.
Mehr als die Hügel von Nysa hat Bacchus geliebt diese Höhen,
jüngst haben hier noch am Berg   Faune im Reigen getanzt.
Hier war die Stätte der Venus, die mehr als Sparta sie liebte,
hier war die Stadt, welche durch   Herkules' Namen berühmt.
All dies ging auf in Flammen und liegt unter Asche begraben:
selbst die Götter gereut's,   daß sie dies Unheil vollbracht.

48

Vorher und nachher

Papilus, gern spielst du ‚Dame‘, doch wenn es vorbei ist, dann
flennst du.
Warum bist du betrübt,   wenn dir geschah, was du willst?
Reut dich dein schweinischer Kitzel vielleicht, oder, Papilus,
weinst du,
weil das, was du vorher   wolltest, zu Ende nun ist?

49

Wer wird nicht einen Klopstock loben ...

Glaube mir, Flaccus, nichts versteht einer von Epigrammen,
der sie nur Spielerei   nennt und als Witzchen beschreibt.
Der betreibt Spielerei, der die grausige Mahlzeit des Tereus
oder das gräßliche Mahl   eines Thyestes beschreibt
oder den Daedalus, wie er dem Sohne anklebt die Flügel,
und in Sizilien wie   Schafzucht betreibt Polyphem.
Meine Büchlein vermeiden den Schwulst: nicht rauscht meine
Muse
mit der Schleppe nach sich   hochaufgeplustert daher.
„Aber das andere wird doch gelobt, verehrt und bewundert?“
Freilich, gelobt wird's schon,   aber man liest, was ich schreib.

Viertes Buch

56

Der Erbschleicher

Weil du Greisen und Witwen großartige Gaben schickst, willst du,
    daß dich, Gargilian,   freigebig nennen ich soll.
Nichts zeigt deutlicher an, daß schmutzig berechnend du handelst:
    Richtiger nennte man wohl   Köder das, was du verschenkst.
So überlistet der Haken die Gier der gefräßigen Fische,
    in die Falle lockt so   Lockspeise törichtes Wild.
Was Großzügigkeit wirklich bedeutet, das will ich dich lehren,
    falls du's nicht weißt, Gargilian: schicke Geschenke an mich.

63

Ein Unfall

Mutter Caerellia fuhr zu Schiff von Bauli nach Baiae
    und ertrank, als die See   tobte in rasender Wut.
Wasser, wie schändlich wart ihr, die ihr solche Untat dem Nero
    selbst nicht gewährt, ob er gleich   euch solchen Greuel befahl.

69

Lieber nicht

Immer, Papilus, tischst du Setiner und Massikerwein auf,
    aber es heißt, daß dein Wein   gar so bekömmlich nicht ist.
Viermal schon hat dich zum Witwer gemacht, so sagt man, die Flasche.
    Nun, ich glaub es zwar nicht –   aber ich hab keinen Durst.

72

Freiexemplare

Meine Bücher soll ich umsonst, dir, Quintus, verehren?
Ich hab sie nicht, doch verkauft sie mein Verleger Tryphon.
„Geld soll ich ausgeben für dies Zeug und Gedichte bezahlen?
Bin ich verrückt?" fragst du. Ich jedenfalls bin es nicht.

77

Der Neidling

Niemals hab ich um Reichtum je gebetet,
war zufrieden und froh mit mäß'ger Habe,
doch verzeihe mir, Armut, und verlaß mich.
Woher kommt jetzt plötzlich die neue Bitte?
Ich will sehen, wie Zoïlus sich aufhängt.

89

(das letzte Gedicht dieses Buches)

Genug ist genug

Heda, schon ist's genug, heda, mein Büchlein!
Bis zum Endstab am Schluß sind wir gekommen,
du willst aber noch weiter gehn und weiter
und am letzten Blatte zum Schluß nicht kommen,
gerad als ob du noch nicht genug getan hast,
wenn den ersten Bogen du schon beendet.
Schon beklagt sich der Leser und ermüdet,
und sogar mein Verleger sagt dasselbe:
„Heda, schon ist's genug, heda, mein Büchlein!"

FÜNFTES BUCH

9

Krankenvisite

Mir war nicht wohl; da kamst du alsbald zur Krankenvisite,
  Symmachus, und zugleich   hundert Studenten mit dir.
Hundert Hände, vom Nordwind vereist, befühlten mich. Fieber
  hatte ich vorher nicht,   jetzt aber habe ich es.

13

Dichterstolz

Meine Verhältnisse waren und sind zwar immer bescheiden,
  doch als Ritter bekannt   bin ich, und gut ist mein Ruf.
Überall werd ich gelesen, man zeigt auf mich: „Schaut nur, das
                                          ist er."
  Was der Nachruhm verleiht   anderen – ich hab's erlebt.
Ruht auch auf hundert Säulen dein Dach, Callistratus; faßt auch
  kaum dein Geldschrank das Geld,   das du – einst Sklave –
                                          erwarbst,
hast bei Syene du Güter, und liefern dir Wolle von Parma
  Schafherden, so riesengroß,   daß man sie zählen nicht kann,
sind wir nun das, was wir sind; doch was ich bin, kannst du
                                          nicht werden,
  aber das, was du bist –   jeder Prolet kann das sein.

15

An Domitian

Dieses ist, Majestät, das fünfte Buch meiner Gedichte,
  und durch keines davon   fühlt irgendwer sich verletzt.

Es erfreut sich dagegen manch einer, der ehrend erwähnt wird
und dessen Ruhm durch mich ewig gesichert verbleibt.
„Wozu taugen sie aber, wenngleich sie auch viele beloben?" –
Nutzen bringt's vielleicht nicht, mich aber freut es trotzdem.

32

Der Gipfel des Geizes

Testamentarisch vermachte Crispin seiner Frau – keinen Pfennig.
Wem hinterließ er sein Geld, fragst du, Faustinus? – Sich selbst.

33

Drohung

Es bekrittelt, so hör ich, ein Rechtsanwalt meine Gedichte.
Wer, weiß ich nicht. Wenn ich's weiß, schlecht wird's dir,
Anwalt, ergehn!

34

Auf den Tod einer kleinen Sklavin

Euch, Vater Fronto und Mutter Flacilla, empfehl ich das
Mägdlein,
meinen Liebling, den ich oftmals geherzt und geküßt.
Nicht soll die kleine Erotion sich vor den düsteren Schatten
fürchten, und nicht vor dem Hund, der vor dem Tartarus
wacht.
Ihren sechsten Winter hätte sie beinah vollendet,
nur sechs Tage noch haben daran ihr gefehlt.
Unter eurem ehrwürdigen Schutz möge lustig sie spielen,
und meinen Namen auch lisple ihr kindlicher Mund.
Nicht presse schwer der Grund ihre zarten Knöchlein: du Erde,
ruhe nur leicht auf ihr, denn sie war dir leichte Last.

Fünftes Buch

42
Sicherer Besitz

Bargeld kann aus dem Safe ein gewiefter Ganove dir stehlen,
  Haus und Altar zerstört   oft pietätloser Brand.
Zinsen mitsamt Kapital kann dein Schuldner sich weigern zu
                                        zahlen,
  auch das Feld, das du säst,   trägt keine Ernte dir ein.
Deinen Verwalter umgarnt deine Freundin und nimmt ihm dein
                                        Geld ab,
  und es verschlingt die See   mit seiner Ladung dein Schiff.
Doch was du Freunden geschenkt, ist den Wechselfällen des
                                        Schicksals
  nicht unterworfen: nur dies   bleibt dir als ew'ger Besitz.

43
Zahnersatz

Thaïs hat schwarze Zähne, schneeweiße dagegen Laecania.
  Was ist der Grund? Gekauft   sind diese: jene sind echt.

47
Der Berufsgast

Niemals hab er zu Hause gespeist, schwört Philo: das stimmt
                                        auch.
  Lädt ihn niemand zum Mahl,   sitzt er halt hungernd zu Haus.

56
Berufswahl

Schon lang beschäftigt ernstlich dich die Frage,
was deinen Sohn du lernen lassen solltest.
Die mittlere, die Hochschulbildung meid' er,
nichts soll Vergil und Cicero ihn scheren,

Tutilius überlass' er seinem Ruhme,
und schreibt er Verse, sollst du ihn enterben.
Brotlose Künste! Was hat goldnen Boden?
Laß Flöte ihn und Leierspielen lernen!
Ist er dazu zu dämlich, mach den Buben
zum Auktionator oder Architekten.

58

Mañana

Morgen wirst du, so sagst du stets, dein Leben genießen.
   Sage mir, Postumus, doch,   wann dieses ‚Morgen‘ denn kommt.
Wie lange dauert's? Wo ist's? Wo kann dieses ‚Morgen‘ man
                          finden?
   Hält es im fernsten Orient,   sag mir, sich etwa versteckt?
Dieses ‚Morgen‘ ist schon bejahrt wie Priam und Nestor,
   und wie teuer, sag mir,   kann man dies ‚Morgen‘ erstehn?
Morgen lebst du dich aus? Schon heut ist's recht spät, um zu leben.
   Der nur, Postumus, ist   weise, der gestern gelebt.

61

Der Sachwalter

Wer ist der Krauskopf, der immer, Marian, deiner Gattin zur
                          Seite
   gradezu klebt? Wer ist der   Jüngling im lockigen Haar?
Immer hat er ihr was ins zarte Öhrchen zu flüstern,
   immer lehnt er intim   an ihre Sänfte sich an.
Ringe trägt dieser Jüngling an allen Fingern; die Beine,
   glatt und gepflegt, entstellt   ihm nicht ein einziges Haar.
Keine Antwort? „Er führt“, sagst du, „meiner Gattin Geschäfte.“
   Ei, das ist mir ein Mann,   redlich und voll Energie.
Daß er ein rechter Geschäftsmann ist, das sieht man ja deutlich:
   dienstbeflissener kann   selbst nicht Aufidius sein.

Fünftes Buch

Du verdienst, Marian, von Latinus geohrfeigt zu werden,
  dem Panniculus wirst   sicher du Nachfolger sein.
Deiner Frau Geschäfte besorgt er? Geschäfte der Krauskopf?
  Ihre Geschäfte sind's nicht: deine sind's, die er besorgt.

73

Unerwünschtes Quidproquo

Warum ich dir mein Büchlein nicht verehre,
  wo du mich doch so oft drum angehst, fragst du?
Dafür hab, Theodor, ich gute Gründe:
  weil du nämlich mir sonst die deinen gäbest.

76

Abhärtung

Mithridates hat Gift in kleinen Mengen getrunken,
  und er hat dadurch   sich vor Vergiftung geschützt.
Ebenso pflegst du, Cinna, so schlecht und so selten zu essen,
  daß vor dem Hungertod   so du gesichert dich hast.

81

Armut und Reichtum

Bist du arm, so wirst, Aemilian, du immer es bleiben:
  heutzutage fließt   Reichtum den Reichen nur zu.

83

Ragazzo è mobile

Du setzt mir nach und ich fliehe; du fliehst, Dindymus, ich
                                      verfolg dich –
  so ist's: willst du, will ich nicht;   willst aber du nicht, will ich.

SECHSTES BUCH

1

An Julius Martialis

Hier empfange das sechste meiner Büchlein,
Martialis, der mir vor allen lieb ist.
Wenn dein feiner Geschmack mein Buch geprüft hat,
wird's mit weniger Angst und Bange wagen,
sich der mächtigen Kaiserhand zu nähern.

19

Revenons à ces moutons!

Nicht um Mord oder Totschlag oder Giftmord
geht's: drei Ziegen sind die Prozeßobjekte,
die mein Nachbar, behaupt ich, mir gestohlen
und wofür der Richter Beweise fordert.
Doch du brüllst, und du fuchtelst mit den Armen,
und du dröhnst von Cannae, von Mithridates,
von der Punier Krieg und Hinterlisten
und von Sulla, von Marius und von Mucius:
sprich doch, Postumus, schon von den drei Ziegen!

34

Küsse

Gib, Diadumenos, mir zahllose Küsse. Wie viele,
    fragst du? Soll ich vielleicht   zählen die Wogen der See
oder die Muscheln, verstreut am Strand des Ägäischen Meeres,
    oder die Bienen vielleicht,   die den Hymettos umschwirrn?

Sechstes Buch

Soll im Theater des Volks Hochrufe und Klatschen ich zählen,
    wenn unerwartet einmal   Caesar der Menge sich zeigt?
Mir genügt nicht, was Lesbia Catull, dem Klugen, gewährte:
    wenn man's zählen kann, ist das, was verlangt wird, gering.

35

Der Redefluß

Sieben Wasseruhren hast laut, Caecilian, du gefordert,
    die, widerstrebend zwar, doch dir der Richter gewährt;
und jetzt sprichst du schon lang über dies und jenes: halb liegst
                        du,
    während aus Flaschen von Glas   lauwarmes Wasser du
                      schlürfst.
Tu doch endlich dem Durst und zugleich deiner Stimme Genüge:
    Bitte, Caecilian, trink aus der Wasseruhr doch!

39

Ganz der Papa!

Schon siebenmal hat, Cinna, dich Marulla
gemacht zum Vater – doch nicht Freigeborener.
Denn keines ist von dir – selbst eines Freundes
nicht oder Nachbarn Sohn. Auf Pritschen und auf Matten
erzeugt, verraten sie der Mutter Hurerein
durchs bloße Aussehn. Hier das Mohrenkind im Kraushaar
zeigt, daß dem Koche Santra es entsproß.
Der mit der Affennase und den wulstigen Lippen
ist recht das Ebenbild des Boxers Pannychus.
Wer sieht nicht, daß der dritte vom Konditor ist,
wenn man das Triefaug' Dama kennt und sieht?
Der vierte, mädchenhaft, mit weißem Teint,
stammt offenbar von Lygdus, deinem Liebling.
Schlaf ruhig mit deinem ‚Sohn': das ist kein Frevel.

Der mit dem Spitzkopf und den langen Ohren,
mit denen er so wie ein Esel wackelt,
ist deutlich deines Narren Cyrta Kind.
Zwei Schwestern, schwarz die eine, rot die andre,
sind vom Flötisten Crotus und vom Gutsverwalter Carpus.
Die Bastardherde wäre schon komplett,
wären nicht Eunuchen Coresus und Dindymus.

40

Der Zahn der Zeit

Einstmals warst du die schönste von allen Frauen, Lycoris,
Glycera aber ist jetzt   schöner, als alle es sind.
Ihr wird's ergehen wie dir: du kannst nicht mehr das sein, was
sie ist:
Ach, was die Zeit doch vermag: sie will ich – dich wollt' ich
einst.

41

A tout prix

Wer deklamiert, mit wollenem Schal um Hals und um Gurgel,
zeigt, daß reden er nicht   und auch nicht maulhalten kann.

44

Die böse Zunge

Calliodorus, du hältst dich für witzig; als einziger, glaubst du,
hast du Sinn für Humor –   wenigstens scheint es dir so.
Allen lächelst du zu, machst boshafte Witze auf alle,
und beim Bankett dadurch   glaubst populär du zu sein.
Sagte ich aber von dir, was nicht hübsch formuliert, aber wahr ist,
tränk' aus demselben Glas   niemand, mein Bester, mit dir.

Sechstes Buch

48

Das beredte Diner

Wenn auch ein donnerndes ‚Bravo‘ die Schar deiner Gäste dir
zuruft,
bist nicht du, Pompon,   sondern dein Essen beredt.

51

Der Beleidigte

Weil du so oft, Lupercus, mich zum Gelage nicht einlädst,
hab ich mir ausgedacht,   wie ich dir's heimzahlen kann.
Wütend bin ich: sooft du mich auch jetzt einlädst und bittest –
„Was wirst du tun?" fragst du.   Was ich dann tue? Ich komm.

52

Der junge Barbier

Noch im Knabenalter dahingerafft, liegt hier begraben
Pantagathus, den sein Herr   innig geliebt und beklagt.
Wenn das Haar er ihm schnitt, schien die Schere es kaum zu
berühren,
und im Rasieren auch   war er vortrefflich geübt.
Erde, wie sich's gebührt, sei ihm gnädig, belaste ihn sanft nur:
leichter kannst du nicht sein,   als dieses Künstlers Hand war.

53

Der plötzliche Tod

Fröhlich hat er mit uns gebadet und nachher gegessen,
und am Morgen darauf   fand man Andragoras tot.
Woher kam, so fragst du, Faustin, dies plötzliche Ende?
Doktor Hermocrates   hat er im Traume gesehn.

60
Erfolg

Jetzt lobt, liebt und singt ganz Rom meine Verse: es trägt mich
   in der Tasche bei sich   und in der Hand jedermann.
Einer jedoch wird rot und blaß, sperrt das Maul auf und haßt
   mich.
So ist's recht: es gefällt   nun mir auch selber mein Werk.

63
Der Erbschleicher

Daß dir ein Erbschleicher nachstellt und daß er gierig ist, weißt
   du,
   und du weißt, Marian,   was dieser Listige will.
Aber du hinterläßt ihm, Dummkopf, dein ganzes Vermögen,
   und deinen Platz, du Narr,   soll er einnehmen nach dir.
„Aber er hat mir doch große Geschenke geschickt." – Ja, am
   Haken:
   Kann für den Angler wohl   Zuneigung fühlen der Fisch?
Wird der wohl, wenn du stirbst, aufrichtige Tränen vergießen?
   Willst du, daß wirklich er weint,   dann, Marian, gib ihm
   nichts.

65
Der Beckmesser

„In Hexametern schreibst Epigramme du", sagt, hör ich, Tucca.
   Ja, Tucca, das kommt vor   und ist auch, Tucca, erlaubt.
„Aber es ist recht lang." Auch das kommt vor, und man darf es;
   ziehst du was Kürzeres vor,   lies, Tucca, Distichen nur.
Einigen wir uns: du brauchst Epigramme, die länger sind, Tucca,
   nicht zu lesen; jedoch   mir steht, zu schreiben sie, frei.

Sechstes Buch

67
Vorsichtig

Warum hat deine Caelia nur Eunuchen,
Pannychus? Sie will huren, aber nicht gebären.

68
Aquis submersus

Weinet, Naiaden, beweint euren Frevel im ganzen Lucrinus,
   eure Trauer und Leid,   Thetis empfinde sie selbst.
In den Wassern von Baiae ertrank der liebliche Knabe
   Eutychus, der sich an dich,   Castricus, immer geschmiegt.
Er war Gehilfe beim Werk und süßer Trost deiner Sorgen,
   ihn hat unser Poet   wie einst Alexis geliebt.
Sah die lüsterne Nymphe dich nackt in kristallenen Fluten,
   gab dem Herkules sie   etwa den Hylas zurück?
Oder war Salmacis schon des Hermaphroditus müde,
   und statt weibischem Reiz   zog junge Mannheit sie an?
Was es auch sei, was immer der Grund des plötzlichen Raubes,
   Erde, so bete ich, sei   sanft ihm und sanft auch die Flut.

73
Irreführung

Der dort am Ehrenplatz zu Tische liegt,
die Glatze (mit drei Haaren!) fesch gescheitelt
und voll Pomade: der im weiten Maul
mit Mastixholzzahnstochern gräbt – der Herr
lügt, Aemilian, denn er hat keine Zähne.

82

Unbemäntelt

Neulich inspizierte mich einer gründlich,
Rufus, wie ein Gladiatorenkäufer.
Prüfte mich auch genau mit Aug' und Finger,
und dann sagte er: „Sie sind der Martialis,
dessen witzige und pikante Verse
jeder kennt, außer spießigen Provinzlern?"
Und ich lächelte recht bescheiden, nickte
und gab zu, ich sei es, von dem er spräche.
„Warum", sprach er, „ist dann Ihr Mantel schäbig?"
„Nun", sagt' ich, „ich bin halt ein schlechter Dichter."
Soll das, Rufus, nicht noch einmal passieren,
schick mir bitte doch ein paar neue Mäntel!

88

Ich bin so frei

Heute begrüßte ich dich zufällig beim richtigen Namen
und hab dich nicht meinen Herrn,   Caecilianus, genannt.
Was hat mich, so fragst du, so große Freiheit gekostet?
Hundert Kreuzer, o je,   sind mir entgangen dadurch.

90

Ménage à trois

Gellia hat nicht mehr als einen Geliebten.
Häßlich ist das: damit hat sie zwei Gatten.

91

Nicht betroffen

Unseres hehren Kaisers Edikt verbietet den Ehbruch.
Zoilus, freu dich denn, du   gehst auf die andere Tour.

SIEBENTES BUCH

4
Dichterblässe

Weil er bleich ist, Castricus, hat Oppianus
mit dem Schreiben von Versen jetzt begonnen.

5
Der abwesende Kaiser

Liegt dir, Caesar, die Sehnsucht des Volks und Senates am
Herzen
und die Freude, die uns   römische Bürger erfüllt,
gib deine Gottheit zurück den Verlangenden: Rom ist jetzt
neidisch
auf den Feind, ob du gleich   dort vielen Lorbeer erwirbst.
Aus der Nähe sieht jener den Herren der Welt; der Barbare
wird durch dein Antlitz erschreckt,   doch er genießt es
zugleich.

10
Jedem Tierchen sein Pläsierchen

Hinterrücks treibt es der Eros und zungengewandt ist der Linus,
doch es ist schließlich ihr Fell – Olus, was geht es dich an?
Hunderttausend verhurt der Matho, doch schließlich ist's sein
Geld:
ihn macht das arm, nicht dich – Olus, was geht es dich an?
Bis in den Morgen zecht Sertorius: du aber kannst ja
schnarchen die Nächte hindurch: Olus, was geht es dich an?
Lupus schuldet dem Titus fünfhunderttausend, doch du leihst
Lupus auch nicht eine Mark: Olus, was geht es dich an?

68 *Siebentes Buch*

Aber das übergehst du, was wirklich, Olus, dich angeht
und worüber zu Recht, Olus,   du sorgen dich sollst.
Unbezahlt ist dein Anzug: das, Olus, geht dich sehr wohl an.
Keiner stundet dir schon   nur einen Pfennig: auch das.
Deine Frau geht dir fremd: das, Olus, geht dich sehr wohl an.
Deine Tochter, schon groß,   braucht eine Mitgift: das auch.
Zwanzig Dinge wüßte ich noch, die, Olus, dich angehn:
aber was du, Olus, treibst,   geht mich ja schließlich nichts an.

11

Korrektur

Ich muß, Pudens, mit eigner Hand und Feder
Mein Gedichtbuch – so willst du's – korrigieren.
O wie überaus nett und freundlich bist du,
der du Unsinn in Reinschrift haben möchtest.

14

Das Schoßkind

Ach, ein gräßliches Leid hat, Aulus, mein Mädchen betroffen:
Fort ist ihr Kleinchen, mit dem   oft sie so herzig gespielt.
Nicht so eins, wie es damals Catulls Geliebte beweinte,
als ihren frechen Spatz   Lesbia trauernd verlor.
Nicht wie das Täubchen, das schwarze, das Stellas Geliebte
Ianthis
(die er besang) so beweint,   da es im Himmel nun fliegt.
Nein, mein Liebchen hält nichts von Kinkerlitzchen und Flausen;
nicht durch solchen Verlust   wird sie in Trauer versetzt.
Sie verlor ein Knäblein, das zwanzig Jahre kaum zählte,
und noch nicht anderthalb Fuß   ragt' in die Höhe sein Glied.

Siebentes Buch

20 (Hinkjamben)

Der Vielfraß

Ein miserabler Vielfraß ist doch der Santra!
Wenn endlich ihn mal jemand zum Diner einlädt,
kommt er im Laufschritt (lange angelt er danach schon)
und nimmt sich dreimal Wildschweinnacken, Steak viermal,
die Hinterkeulen und die vorderen vom Hasen;
schämt sich auch nicht, zu lügen um mehr Drosseln,
und schluckt sogar die grünen Bärte von Austern.
Sein dreckiges Mundtuch stopft er voll mit Pasteten,
mit eingelegten Trauben und Granatäpfeln,
auch einem scheußlich ausgekratzten Saueuter,
einer müden Feige, halbzerquetschten Steinpilzen.
Und platzt das Tuch schon von so vielen Diebstählen,
so füllt er sich die Taschen voller Fischgräten
und einem Täubchen, dem er schon den Kopf abfraß.
Er schämt sich gar nicht: klauen tut der Langfinger,
was ausgefegt wird, was nicht einmal ein Hund frißt.
Und nicht zufrieden ist mit Speisen der Gierschlung:
er füllt sich unterm Tisch mit Wein die Feldflasche.
Dies schleppt zweihundert Stufen hoch nach Haus Santra,
schließt ängstlich ein sich in der engen Dachkammer –
und dann verkauft's am nächsten Morgen der Vielfraß.

21

Auf den Geburtstag Lukans

Heute jährt sich der Tag, da ein großer Mann ward geboren,
    er hat Lukan dem Volk   und auch dir, Polla, geschenkt.
Grausamer Nero, ach, verhaßtester unter den Schatten,
    diese Untat zumindst   hätt' dir verwehrt sollen sein.

25

An einen Harmlosen

Immer verfaßt du nur Epigramme, die harmlos und nett sind
und so sauber, wie Haut,   die weiße Schminke bedeckt.
Nicht ein Körnchen Salz, nicht ein Tröpfchen Galle enthalten
sie, und du willst, du Tor,   daß dies das Publikum liest.
Selbst eine Speise schmeckt fade, die nicht etwas Essig pikant
macht,
und es mißfällt ein Gesicht,   das nicht ein Grübchen besitzt.
Kindern setz Honigäpfel du vor und süßliche Feigen,
Feigen von Chios jedoch,   scharf wie sie sind, zieh ich vor.

26

Freund und Kritiker

Such meinen Freund Apollinaris auf, Scazon,
und hat er Zeit (beläst'gen sollst du ihn nicht),
gib ihm dies Bändchen, so wie's ist – hat er doch
dran Anteil: mag sein feines Ohr dich anhören.
Und nimmt er dich entgegen ohne Stirnrunzeln,
so bitte, daß er dir wie früher seine Gunst schenke.
Du weißt, wie sehr er meine kleinen Späßchen gern hat:
ich könnte selbst mein eignes Werk nicht mehr lieben.
Drum willst du gegen böse Kritiker dich gut sichern,
so geh zu meinem Freund Apollinaris, mein Scazon.

39

Der Simulant

Um vom Hinundhergelaufe am Morgen
und vom Hochmut und kaltem Gruß der Mächt'gen
– Dinge, die er nicht aushielt – sich zu drücken,
simulierte Caelius, daß er Gicht hab.

Siebentes Buch 71

Als er dies aber augenfällig machte
und mit Salbe sich die gesunden Füße
schmierte und mit verbundnen Füßen hinkte –
was vermag nicht die Macht des Simulierens! –,
brauchte Caelius die Gicht nicht vorzutäuschen.

46

Prosa tut's auch

Während du strebst, dein Geschenk für mich poetisch zu
schmücken
und noch beredter zu sein,   als es Homer jemals war,
quälst du mich und auch dich: die Tage gehen vorüber,
und deine Muse schweigt   auf meine Kosten sich aus.
Schick Poesie an Reiche, schick denen hochtönende Verse,
aber dem kleinen Mann   gib ein prosaisch Geschenk.

53

Weihnachtsgeschenke

Allen Ramsch, den du selbst zu den Saturnalien erhalten
durch fünf Tage hindurch,   schicktest du, Umber, an mich.
Zwölf Notizbücher, auch Zahnstocher – sieben! –, es war auch
eine Serviette, ein Schwamm   und auch ein Weinglas dabei;
auch ein halber Scheffel von Bohnen; Picener Oliven,
und ein schwärzlicher Krug   voll laletanischen Mosts.
Kleine syrische Feigen, kandierte Pflaumen; ein Tontopf,
der bis zum Rande mit   libyschen Feigen gefüllt.
Keine dreißig Sesterzen war all dies wert, wie ich glaube,
und das schleppten mir acht   stämmige Syrer ins Haus.
Wieviel leichter hätte ein Bursch, ohne sich zu verheben,
anstatt dessen fünf Pfund   Silbergeschirr mir gebracht.

61

„Kaiserliches" Rom

Rom hatte ganz mit Beschlag schon belegt der Händler, der freche,
    und die Schwelle vorm Haus   hatt' uns schon nicht mehr gehört.
Da befahlst du, Germanicus, daß man die Straßen erweitre,
    und was ein Engpfad war,   wurde zur Straße nunmehr.
Nicht mehr sind an die Pfosten der Kneipe die Flaschen gekettet,
    und im Straßenschmutz braucht   nicht mehr der Praetor zu gehn.
Nicht mehr schwingt man blindlings Rasiermesser in dem Gedränge,
    und die Hälfte des Wegs   nimmt nicht die Garküche ein.
Wirt und Barbier und Koch und Schlächter bleiben im Laden:
    Rom ist's wieder, was jüngst   ein großer Kramladen war.

66

Unzufrieden

Fabius hinterläßt Labien sein gesamtes Vermögen.
    Der aber sagte, er hab   eigentlich mehr noch verdient.

76

An Philomusus

Daß die großen Herren dich mit sich schleppen
zu Diners, Galerien und ins Theater
und sie gerne, sobald sie dir begegnen,
in der Sänfte mit dir und auch im Bad sind,
darauf bilde du dir nicht allzuviel ein:
amüsant bist du, aber Liebe ist's nicht.

Siebentes Buch

77
Nochmals: Freiexemplare

Meine Bücher, Tucca, verlangst du, daß ich dir schenke.
  Nein: zum Verkauf willst du sie, lesen jedoch willst du
nicht.

81
Der Kritiker

„In deinem ganzen Buch hast du dreißig Gedichte, die schlecht
sind."
  Sind dafür dreißig gut, ist's ein gelungenes Buch.

83
Der langsame Barbier

Während Lupercus' Gesicht der Barbier Eutrapelus glättet
  und ihm die Backen rasiert, wächst ihm der Bart wieder
nach.

88
Ruhm in der Provinz

Stimmt die Nachricht, so liebt das schöne Vienna mein
Büchlein,
  und es hat, wie man mir sagt, seine Freude daran.
Dort liest ein jeder mein Werk: der Greis, der Jüngling, der
Knabe
  und selbst die junge Frau vor ihrem ernsthaften Mann.
Das freut mich mehr, als wenn meine Verse *die* deklamierten,
  welche das Wasser des Nils dort trinken, wo er entspringt,

mehr noch, als wenn mein Tagus mit spanischem Gold mich
belüde,
Hybla mir Bienen ernährt'   oder hymettischer Berg.
Also bin ich doch wer! Nicht täuscht mich die Zunge des
Schmeichlers:
Lausus, von jetzt an will   Glauben ich schenken dir gern.

98

Verschwendung

Alles kaufst du, Castor, drum wirst du auch alles verkaufen.

ACHTES BUCH

3

An seine Muse

„Fünf hätten schon genügt, denn sechs Bände oder gar sieben
  sind des Guten zuviel: Muse, was scherzest du noch?
Sei bescheiden, mach Schluß; mein Ruhm kann schließlich nicht
                                                wachsen,
  überall, wo es auch sei,   liest man ja eifrig mein Werk.
Wenn die Quadern am Grab Messallas vor Alter zerbröckeln,
  wenn der Marmor Licins   lang schon im Staube zerfiel,
wird man mich lesen, und oft wird aus fernem Lande der
                                                Fremde
  mit meinem Werke zurück   reisen zu Heimat und Herd."
Also sprach ich; da gab mir die neunte der Schwestern zur
                                                Antwort
  (deren Haare und Kleid   troffen von edlem Parfum):
„Undankbarer, so willst du auf deine Späßchen verzichten?
  Womit verbrächtest du denn   besser, du Faulpelz, die Zeit?
Willst auf hohem Kothurn der Tragödie einher du stolzieren
  oder das Stahlbad des Kriegs   dröhnen im epischen Vers,
daß der geschwollene Pauker mit heiserer Stimme dich vorliest
  und du ein ‚Klassiker' wirst,   Mädeln und Buben verhaßt?
So etwas lasse Philister und öde Pedanten verfassen,
  die es bei Lampenlicht   schreiben zu nächtlicher Zeit.
Du aber würze mit römischem Witz dein Bändchen Gedichte:
  und die Gesellschaft, die's liest,   spiegle sich selber darin.
Flötest du auch nur auf dünnem Rohr dein munteres Liedchen,
  übertrifft doch dein Rohr   manches Trompetengedröhn."

9
Das Nachsehen

Unlängst wollte dir Hylas – er litt an Augenentzündung –
  zahlen zwei Drittel der Schuld;   du aber lehntest es ab.
Jetzt verlor er ein Auge – und will die Hälfte bezahlen;
  schleunigst greife du zu: ist er erst blind, zahlt er nichts.

10 (Hinkjamben)
Vorteilhafter Einkauf

Es kaufte Bassus Mäntel ein für zehntausend
von feinstem Purpur, und verdiente noch daran.
„So billig", fragst du, „kauft' er?" – Nein, doch er zahlt nicht.

12
Gleichberechtigung

Warum weigere ich mich, eine Reiche zur Gattin zu nehmen,
  fragt ihr? Das Weib meiner Frau   will ich nun einmal nicht
                                  sein.
Untergeordnet sei ihrem Manne, Priscus, die Gattin:
  so nur wird Gleichheit erzielt   zwischen dem Mann und der
                                  Frau.

13
Genarrt

Angeblich war es ein Narr, den für zwanzigtausend ich kaufte;
  gib mir den Kaufpreis zurück,   Händler – der Kerl hat
                                  Verstand.

Achtes Buch

20
Der Dichterling

Varro, du schreibst jeden Tag zumindest zweihundert Verse,
  aber du trägst sie nicht vor.   Dumm – und doch gar nicht so
  dumm.

23
Logik

Bauer, allzu grausam nennst du mich und allzu gefräßig,
  laß ich verprügeln den Koch,   weil er das Essen verdarb?
Wenn zu frivol dir dies als Grund für Prügel erscheinet,
  sag mir, wofür soll dann   Schläge beziehen ein Koch?

27
Durch die Blume

Wer dir, Glaucus, du schwerreicher Greis, Geschenke macht, sagt
  doch
– wenn du noch recht beieinand   bist und Verstand hast –:
  „Verreck!"

29
Gehäufte Kürze

Wenn einer Distichen schreibt, will er, glaub ich, durch Kürze
  gefallen;
  sag, was die Kürze jedoch   nützt, wenn sich's auswächst
  zum Buch?

31

Do it yourself!

Komisch sieht, Dento, es aus, wenn das Dreikinderrecht du erbittest,
    während alleine zu Haus   sitzt, dich erwartend, dein Weib.
Höre schon auf, unserm Herrn mit Gesuchen lästig zu fallen,
    und kehr endlich aus Rom   wieder nach Hause zurück.
Wenn du nämlich die Frau so lange allein läßt und bittest,
    daß dir drei Kinder verliehn,   findest du vier schon zu Haus.

35

Gleich zu gleich

Da ihr doch so gänzlich einander ähnelt,
böses Weib und du Sch … andkerl, der ihr Mann ist,
woher kommt's, daß ihr nicht in Harmonie lebt?

43

Unentschieden

Fabius begräbt seine Frauen, Chrestilla begräbt ihre Männer;
    über dem Ehebett schwenkt   jedes die Fackel vom Tod.
Venus, bringe die zwei, die stets überleben, zusammen,
    so daß gemeinsamer Tod   sie und Bestattung vereint!

55

Klage des Literaten

Da unser Zeitalter doch der Ahnen Zeit überflügelt,
    da unter ihrem Herrn   Roma an Größe gewann,
wunderst du dich, daß Genies wie der göttliche Maro uns fehlen
    und daß, mächtig wie er,   Kriegstaten niemand besingt.

Achtes Buch 79

Flaccus, gäb' es Mäzene, so würd's an Vergilen nicht fehlen,
   ja, dein eigenes Gut   brächte Vergile hervor.
Tityrus hatte sein Gütchen beim armen Cremona verloren,
   und auch die Schafe hat er,   die man ihm wegnahm, beweint.
Doch es lächelte nur der etruskische Ritter: die böse
   Armut vertrieb er und hieß   eilends von dannen sie fliehn.
„Nimm den Wohlstand entgegen und sei der größte der
                            Dichter",
   sprach er, „Alexis auch   sei dir zu lieben erlaubt."
Jener herrliche Jüngling bediente am Tisch seines Herren,
   schenkte mit weißer Hand   dunklen Falernerwein ein,
reicht' ihm den Kelch, aus dem mit rosigen Lippen er nippte,
   wie sie Jupiter selbst   hätten zu reizen vermocht.
Da vergaß den vollschlanken Reiz Galateas der Dichter,
   Thestylis auch, der die Mahd   rotbraun die Wangen
                            gebrannt.
Gleich begann er „Italien" und „arma virumque" zu singen,
   der als Neuling noch grad   hatte „Die Mücke" beklagt.
Muß ich noch Varius erwähnen und Marsus und alle Poeten,
   die man versorgt? Es wär'   alle zu nennen zu lang.
Würde ich dann ein Vergil, wenn du wie Mäzen mich
                        beschenktest?
   Nun, Vergil freilich nicht,   aber ein Marsus wär' ich.

56

Ein Kompliment an Domitian

Ob du auch oftmals, Herrscherbesieger, dem Volke Geschenke
   bietest, und reichere dann,   und du dich selbst übertriffst,
liebt nicht wegen der Gaben das Volk dich, Kaiser und
                        Herrscher:
   deinetwegen gewinnt,   Caesar, die Gaben es lieb.

57

Bestattung auf Raten

Picens hatte drei Zähne: die spuckte er alle zugleich aus,
    als beim Grabmal er saß,   das er sich selber erbaut.
Im Gewande sammelte er die letzten Fragmente
    seiner Kiefer und grub   dann in die Erde sie ein.

62

Makulatur

Auf der Rückseite dichtet Picens von beschriebenen Zetteln.
    Daß ihm den Rücken der Gott   daraufhin zeigt, wundert
           ihn?

67

Der frühe Gast

Kaum elf Uhr hat's geschlagen, und schon kommt mein Diener
           und meldet,
    daß du bereits zum Diner   hier bist, mein Freund Caecilian.
Kaum ist um zehn das Gericht und Geschrei der Parteien
           beendigt,
    und im Zirkus wird noch   Wildbret gehetzt und erlegt.
Lauf denn, Callistus, und rufe die noch nicht gewaschenen
           Diener,
    Speisesofas stellt auf: Caecilianus, nimm Platz!
Warmes Wasser verlangst du? Ich habe noch nicht einmal kaltes;
    noch ist die Küche nicht auf   und auch der Herd nicht
           geheizt.
Komm dann schon lieber frühmorgens: warum willst bis elf
           Uhr du warten?
    Denn zum Frühstück, mein Freund,   kommst du um elf Uhr
           zu spät.

69

Nachruhm

Vacerra, Klassiker liebst du vor allen,
und tote Dichter nur entzücken dich.
Verzeih mir, doch es lohnt sich nicht für mich,
daß ich verrecke, um dir zu gefallen.

76

Aufbauende Kritik

„Marcus, sag mir, ich bitte dich, die Wahrheit,
denn nichts gibt's, das ich lieber hören möchte."
Das sagst du, wenn du deine Verse vorträgst,
wenn du für Klienten plädierst: beständig
ist dies, Gallicus, dein Ersuchen an mich..
Schwer fällt's mir, dein Verlangen abzuschlagen;
höre also die wirklich reine Wahrheit:
gerne, Gallicus, hörst du nicht die Wahrheit.

79

Der Kontrast

Ältlich sind deine Freundinnen, Fabulla,
oder garstiger noch als diese Vetteln.
Solche schleppst du herum, dir zur Begleitung,
zu Diners, in die Läden, ins Theater:
dadurch weißt du als hübsch und jung zu wirken.

NEUNTES BUCH

7
Jugendschutzgesetz

Gleich als wär's ein geringes Vergehn, daß von unsrem
Geschlechte
man verkaufte bereits   Kinder zur Prostitution,
stand an der Wiege schon der Kuppler; vom Busen der Mutter
forderte schmutzigen Lohn   schreiend schon, schien es, das
Kind.
Kindliche Körper, noch unreif, mußten Unsagbares dulden:
doch der Vater des Lands   ließ solche Greuel nicht zu,
er, der zuvor schon Hilfe gebracht dem zarten Epheben,
daß ihn der Manneskraft   wütende Lust nicht beraub'.
Liebten dich vorher schon die Knaben, das Jungvolk, die Alten,
haben, Caesar, von jetzt   an auch die Babies dich lieb.

10
Verständlich

Heiraten willst du den Priscus? Begreiflich, Paula, recht hast du.
Heiraten will *er* dich nicht?   Nun, auch der Priscus hat recht.

14
Liebe durch den Magen

Glaubst du, daß einer, den Tafel und Mahlzeit als Freund dir
gewannen,
wirkliche Freundschaft für dich   fühle im tiefsten Gemüt?
Wildschwein, Forellen und Austern und Braten liebt er, doch
dich nicht:
speiste so gut man bei mir,   wäre sofort er *mein* Freund.

Neuntes Buch

15

Die Freimütige

Sieben Männer begrub sie, die Schurkin, und schrieb auf die
Steine:
„Alles mein eigenes Werk." – Kann man aufrichtiger sein?

18

Die Wasserleitung

Ich besitze ein Gütchen – lang sei's unter deiner Regierung,
    Caesar – und hab in der Stadt   auch ein bescheidenes Haus.
Aber aus engem Tal, den dürstenden Garten zu tränken,
    muß das Wasser ich mir   mühevoll pumpen herauf.
Auch mein Haus ist trocken und klagt, daß an Tau es ihm fehle,
    während doch nahe vorbei   rauschet der Marciaquell.
Wenn, Erhabener, du meinen Häusern Wasser gewährtest,
    wär mir's kastalischer Quell,   Regen von Jupiter selbst.

19

Der Schmeichler

Auf das Bad des Ponticus machst du Verse,
der so gute Bankette gibt, Sabellus?
Fressen willst du, Sabellus, und nicht baden.

53

Zarter Wink

Zum Geburtstag wollte ich dir zwei kleine Geschenke
    schicken, doch du sagst nein.   Was du gebietest, das gilt.
Also muß ich gehorchen: geschehe denn das, was wir beide
    wünschen und was uns erfreut: schicke du mir ein Geschenk!

59

Der Kenner

Lang streicht und oft Mamurra um die Luxusläden,
wo unser goldnes Rom mit Schätzen prunkt.
Lustknaben inspiziert er, ja verschlingt sie förmlich
mit seinen Augen: freilich sind's nicht solche,
wie vorn am Ladeneingang gleich zu kaufen.
Nein, solche, die man nur der feinsten Kundschaft
im Hinterzimmer zeigt – so wie sie unsereins
nicht einmal sieht. Hat er sich satt geschaut,
besieht er Tische, läßt die Überzüge
entfernen von dem seltnen Holz, verlangt
vom obersten Regal geöltes Elfenbein
zu sehen. Viermal mißt er aus ein Speisesofa –
sechs Plätze, und mit Schildpatt ausgelegt –
und seufzt dann: „Ach, für meinen Citrustisch reicht's nicht."
Beschnüffelt dann die Bronze, ob sie auch
so rieche, wie die echte von Korinth;
selbst Statuen von Polyclet bekrittelt er,
und er beklagt sich, daß ein Stückchen Glas
die Vase aus Kristall entwerte. Dann markiert er
zehn Becher aus Achat und läßt sie reservieren.
Antike Vasen wägt er, fragt, ob's welche gebe,
die Mentors Hand dereinst geadelt habe.
Smaragde zählt er nach in goldner Fassung
und große Perlen, die von weißen Öhrchen hangen.
An jeder Theke sucht er echten Sardonyx
und feilscht um einen großen Klumpen Jaspis.
Um fünf Uhr geht er schon ganz müde heim,
doch kauft erst noch zwei Becher – einen Groschen
zahlt er dafür und trägt sie selbst nach Haus.

64

Domitian als Herkules angebetet

Caesar hat gnädigst geruht, des mächtigen Herkules Züge
    anzunehmen, so daß neu jetzt ein Tempel erstand,
wo acht Meilen von Rom auf der latinischen Straße
    durch der Trivia Hain Wanderer ziehen des Wegs.
Früher verehrte man Herkules wohl mit Gebeten und Opfern,
    doch einem größeren Gott dient jetzt der Herkules selbst.
Jetzt wird zu jenem um Reichtum, um Ehrenstellen gebetet:
    Herkules fleht einer an, der nichts Besonderes braucht.

67

Der Moralist

Mit einer scharfen Maid hab unlängst eine Nacht
gar neckisch ich und höchst vergnüglich durchgebracht.
War eine Stellung uns auch noch so unvertraut,
frisch gingen wir ans Werk und haben sie gebaut.
Als ich dann müde war, da bat ich sie recht fein:
„Zum andern Eingang auch einmal laß mich hinein!"
Erst hat das liebe Kind ein wenig sich geziert
und wollte lange nicht – dann ward auch das probiert.
Zum Schluß wollt' ich noch was: das war nun ganz speziell;
ich hab mich selbst geniert, jedoch sie tat's recht schnell.
Du möchtest, Aeschylus, auch gern mal bei ihr sein?
Ich rate nicht dazu: ihr Kuß ist nicht mehr rein.

68

Ein lauter Pauker

Was hab ich dir getan, du elender Schulmeister, der du
    Knaben und Mädchen zugleich allen von Herzen verhaßt?

Noch haben nicht das Schweigen der Nacht die Hähne
gebrochen,
und schon brüllst voller Wut   schimpfend und schlagend du
los.
Grad so dröhnt das Metall, wenn's der Schmied auf dem
Amboß behämmert,
um einen Rechtsanwalt   hoch zu erheben aufs Roß.
Leiser noch ist das Geschrei im weiten Amphitheater,
wenn mal der kleinere Schild   siegt und der Pöbel ihm
jauchzt.
Laß deine Nachbarn schlafen – noch nicht einmal durchschlafen –
bitte:
manchmal erwachen geht noch,   durchwachen aber ist
schlimm.
Schick deine Schüler nach Haus: soviel wie fürs Brüllen du
einnimmst,
Ruhestörer, wolln wir   zahlen, nur halte das Maul!

70

O tempora, o mores!

Cicero hatte „o tempora" und „o mores" gerufen,
als zu frevelnder Tat   sich Catilina verschwor,
als Pompeius und Caesar in grausigem Kampfe gestritten,
und von Bürgerkriegsblut   trauervoll troff unser Grund.
Warum rufst aber jetzt du „o tempora" aus und „o mores"?
Was gibt es heute, das dir,   Caecilian, nicht gefällt?
Führer wüten jetzt nicht, noch schwingt seinen Degen der
Irrsinn,
fröhlich kann man sich jetzt   sicheren Friedens erfreun.
Unsre Moral ist's nicht, die das Zeitalter häßlich bemakelt:
deine Sitten sind es,   Caecilian, die das tun.

Neuntes Buch

78
Lebensmüde

Galla begrub sieben Männer; dann hat sie zum Gatten
genommen
dich, Picentin: es zieht, scheint's, zu den Männern sie hin.

80
Das Angenehme (?) und das Nützliche

Gellius, der Hungerleider, nahm sich eine Alte, die reich ist.
Also grast er sein Weib ab und bespringt sie zugleich.

81
Das Publikum entscheidet

Meinen Lesern und Hörern gefällt, Freund Aulus, mein
Büchlein,
doch ein andrer Poet findet mich nicht elegant.
Daraus mach ich mir nichts: meinen Gästen sollen die Speisen
schmecken: ob sie mein Koch billigt – das ist mir egal.

82
Die Sterne lügen nicht

Munna, ein Sterndeuter sagte, mit dir ging's in kurzem zu Ende,
und wie mir scheint, hat damit jener die Wahrheit gesagt.
Da du nämlich versuchst, nur ja nichts den Erben zu lassen,
hast dein väterlich Gut ausschweifend ganz du verzehrt.
Zwei Millionen brachtest du durch in noch nicht einem Jahre:
sag mir, ob, Munna, damit schnell nicht am Ende du bist?

89

Poetaster

Stella, mein Freund, es ist doch recht hart, deine Gäste zu
zwingen,
Verse zu schreiben. – „Warum? Dürfen es schlechte doch
sein."

91

Wink mit dem Zaunpfahl

Lüden zum Mahle mich Boten in zwei verschiedene Himmel,
einer von Caesar gesandt,   einer von Jupiter selbst,
wär' der Palast auch entfernter und wären mir näher die Sterne,
richtete doch als Bescheid   dies ich den Himmlischen aus:
„Suchet euch jemand, der lieber am Tische des Donnerers tafelt,
aber *mein* Jupiter hält   hier mich auf Erden zurück."

92

Vorteile des Sklavenlebens

Wie es ein Herr doch schwer hat, wie gut sein Diener, das
weißt du,
Condylus, nicht, der du klagst,   daß du so lange schon dienst.
Kannst du doch sorglos schlafen auf deiner einfachen Matte,
während im Daunenbett   schlaflos dein Gaius sich wälzt.
Furchtsam muß viele Gönner dein Herr frühmorgens besuchen,
du dagegen besitzt,   Condylus, nur *einen* Herrn.
Phoebus und Cinnamus schreien: „Bezahle, was du uns
schuldest,
Gaius!", aber zu dir   sagt niemand, Condylus, dies.
Vor dem Prügelknecht hast du Angst? Doch Fußgicht und
Handgicht
quälen den Herrn, der dafür   gern tausend Streiche erlitt.

Neuntes Buch 89

Wenn du am Morgen nicht kotzest noch Zungendienst,
                              Condylus, treibest,
   ist das nicht besser, als wenn   dreimal ein Gaius du wärst?

97

Der Neidhammel

Einer zerplatzt vor Neid, mein teuerster Julius; weil mich
   Rom gern liest, so will   jener zerplatzen vor Neid.
Er will zerplatzen vor Neid, weil immer, wo Leute sich
                              sammeln,
   jedermann auf mich zeigt: er will zerplatzen vor Neid.
Er will zerplatzen vor Neid, weil zwei Kaiser bestätigt mir
                              haben
   das Dreikinderrecht: er   will drob zerplatzen vor Neid.
Er will zerplatzen vor Neid, weil ein hübsches Gütchen am
                              Lande
   und ein Stadthaus ich hab: er will zerplatzen vor Neid.
Er will zerplatzen vor Neid, weil gern meine Freunde mich
                              sehen
   und man zu Tisch oft mich lädt: er will zerplatzen vor
                              Neid.
Er will zerplatzen vor Neid, weil ich populär und geschätzt bin:
   platzen möge daher   jeder, der platzet vor Neid.

ZEHNTES BUCH

2
Zur Neuausgabe von Buch 10

Das zehnte Buch entglitt mir, da ich's übereilt;
jetzt liegt es wieder vor, doch gründlich ausgefeilt.
Hierin steht manches, das schon früher drin gewesen
(doch hübscher aufpoliert), viel Neues auch zu lesen.
Sei, Leser, ihm geneigt: Als dich mir Roma gab,
da sprach sie: „Dieser ist das Beste, was ich hab.
Der undankbaren Lethe Flut wirst du entgehen,
der beßre Teil von dir wird dauern und bestehen.
Messallas Marmorgrab zerbirst der Feigenbaum;
der Maultiertreiber grinst: die Rosse sieht er kaum
am Grabmal des Crispin. Doch Dichtung bleibt gefeit:
nicht schadet Diebstahl ihr, noch rafft sie fort die Zeit.
Dies ist der Preis, den sich Literatur erwirbt:
das einz'ge Denkmal ist sie, welches niemals stirbt."

8
Heirats(un)lustig

Paula will mich zum Manne, doch ich will Paula nicht haben:
sie ist ein altes Weib — wär' sie noch älter, dann wohl.

15

Sans gêne

Niemandem stehst du nach an Freundschaft für mich, sagst du,
Crispus,
aber den Wahrheitsbeweis   hierfür – wie trittst du ihn an?
Als ich dich bat, mir fünftausend zu leihn, reagiertest du sauer,
wo doch dein Geldschrank schier platzt   und du im Gelde
erstickst.
Wann hast du je mir verehrt ein Kilo Mehl oder Bohnen,
während in Übersee du   große Plantagen besitzt?
Hast du mir je einen Anzug geschenkt im naßkalten Winter?
Silber – ein halbes Pfund –,   fand's seinen Weg je zu mir?
Weiter gibt sich durch nichts deine Freundschaft für mich zu
erkennen,
als daß vor mir ungeniert,   Crispus, zu furzen du pflegst.

16

Betriebsunfall

Als Aper sich im Sport des Bogenschießens übte,
erschoß er seine Frau, was ihn gar sehr betrübte.
Ein Unglücksfall – gewiß; doch da schwerreich sie war,
scheint mir: daneben auch trifft Aper wunderbar.

20

An Plinius

Muse, bringe mein ungelehrtes Büchlein,
das frivol und nicht allzu philiströs ist,
meinem Plinius, dem beredten. Kurz nur
brauchst du nach der Subura aufzuklimmen.
Dort wirst bald du den Orpheus sehen, welcher
schlüpfrig ist von dem Dache des Theaters,

und die staunenden Bestien und den Vogel
Jupiters, der den Ganymed entführte.
Dort verziert auch das Häuschen meines Pedo
das Relief eines Aars mit kleineren Flügeln.
Aber klopfe du trunken nicht zur Unzeit
an die Türe des hochgelehrten Herren!
Denn der strengen Minerva weiht er seine Tage
und verfaßt fürs Gericht der Hundertmänner
Reden, welche mit Ciceros die Nachwelt
wohl vergleicht. Komm besser beim Lampenlichte:
diese Stunde ist dir gemäß, wenn Bacchus
herrscht und Rosen, und Haare von Balsam triefen:
dann mag selbst mich ein strenger Cato lesen.

21

Der Dunkelmann

Sextus, warum macht's dir Freude, so unverständlich zu
                                      schreiben,
    daß dich Modestus kaum   oder Claranus versteht?
Einen Apollo als Deuter benötigt dein Buch, und nicht Leser;
   ging es nach dir, übertrifft   Cinna bei weitem Vergil.
Dies sei *dein* Lob: *Mein* Werk mag auch Professoren gefallen,
   wenn nur der Leser es auch   ohne Professor versteht.

27

Der Parvenü

Senatoren speisen bei dir an deinem Geburtstag,
   und dann gibt's, Diodor,   kaum einen Ritter, der fehlt.
Wenn du die Sportel verteilst, so sind es dreißig Sesterze –
   und doch hält niemand dich   für einen Mann von Geburt.

30 (Hinkjamben)

Auf das Landhaus des Apollinaris bei Formiae

O lieber Strand von Formiae, wo's so schön kühl ist,
den, wenn er aus der rauhen Stadt des Mars flüchtet,
wenn einmal, müde, seine Sorgen er ablegt,
Apollinaris jedem andren Ort vorzieht.
Das schöne Tibur seiner zücht'gen Frau liebt er
nicht so, noch Algidus und Tusculums Stille,
noch freut ihn Antium so sehr, noch Praeneste.
Ihn zieht's nicht nach Circeji; Troer-Gaëta
lockt ihn nicht, noch Marica, noch der Fluß Liris,
noch der Lucrinersee und Salmacis' Seebad.
Hier zügelt sanfter Hauch des Meeres Aufbrausen,
doch liegt das Meer nicht tot: belebte Seestille
trägt bunte Jachten, und die Brise hilft ihnen,
wie wenn ein Mädchen, dem die Hitze nicht zusagt,
mit Purpurschal gesunde Kühlung sich zuweht.
Nicht muß die Angelschnur nach Beute weit suchen:
vom Schlafgemache wirft man sie, ja vom Bett aus,
und sieht von oben, wie im Meer der Fisch anbeißt.
Und wenn die See dann einmal auch die Windsbraut spürt,
verlacht der Tisch die Stürme, seines Mahls sicher:
den Fischteich füllen hausgezüchtet Barsch, Steinbutt,
und leckere Muränen schwimmen dem Herrn zu.
Der Namenrufer ruft die Äsche bei Namen,
und auf Befehl kommt alte Barbe zum Vorschein.
Wann läßt du aber, Rom, ihn dies schon auskosten?
Wie viele Tage kann er Formiae widmen
im Jahr, da ihn Geschäfte stets zurückhalten?
Ach, ihr Portiers und Gutsverwalter – gut habt ihr's:
dem Herrn steht alles dies bereit, doch euch dient es.

32

Das Porträt

Wen dies Bild, das mit Veilchen und Rosen ich zierte, wohl
                                                    darstellt,
    wessen Porträt es sei,   fragst du mich, Caedician?
Marcus Antonius Primus sah so aus im männlichen Alter,
    und als Jüngling sieht jetzt   sich in dem Bilde der Greis.
O daß die Kunst seinen Geist, seine Sitten zu schildern
                                                    vermöchte!
    Schöner wäre sodann   nirgends auf Erden ein Bild.

33

Programmatisches

Einfacher bist du, Munatius Gallus, als einst die Sabiner,
    und an Güte besiegst   selbst du den Greis von Athen.
So vergönne dir Venus, vereint mit des Mitschwiegervaters
    edlem Hause, dein Kind   eheglückstrahlend zu sehn,
wie es böse Verleumdung ist, welche Verse mir zuschreibt,
    die persönlicher Haß   giftig mit Bosheit getränkt.
Davon, wie's deine Art ist, entlaste mich, wie du auch forderst,
    daß kein Poet, den man liest,   solche Pasquille verfass'.
Meine Büchlein verfolgen nur diese eine Methode:
    daß das Laster sie zwar   nennen, doch nicht die Person.

35

Die Dichterin Sulpicia

Alle Mädchen sollten Sulpicia lesen,
die nur *einem* Manne gefallen wollen;
alle Männer sollten Sulpicia lesen,
die nur *einer* Gattin gefallen wollen.

Sie befaßt sich nicht mit Medeas Rasen,
noch beschreibt sie das grause Mahl Thyestes';
für sie gibt's keine Scylla oder Byblis.
Nur von keuscher und züchtger Liebe singt sie,
Spiel und Scherz und von fröhlichem Getändel.
Wenn man richtig ihr Werk bewertet, wird man
keine schelmischer nennen als Sulpicia,
keine auch moralischer als Sulpicia.
So hat, glaube ich, einst mit König Numa
in der Grotte Egeria Scherz getrieben.
Gingest mit oder bei ihr du zur Schule,
wärest, Sappho, züchtiger du und weiser.
Doch wenn Phaon, der Grausame, sie mit Sappho
sähe, wär's Sulpicia, die er liebte –
doch vergebens: sie möchte nicht als Gattin
Jupiters, nicht als Bacchus' noch Apollos
Freundin leben, würd' ihr Calen entrissen.

40

Leider normal

Mein Mädchen, sagt man mir, traf oft sich insgeheim
mit einem schwulen Kerl im stillen Kämmerlein.
Ich schlug die Türe ein. Man hat mich falsch bericht',
Lupus, ich sah die zwei: schwul war der Bursche nicht.

43

Gesegneter Grund

Schon dein siebentes Weib hast du im Acker begraben.
Keinem, glaube ich, bringt   reichere Ernte sein Feld.

47
Das glückliche Leben

Diese Dinge, mein teuerster Martialis,
sind's, die glücklich das Leben uns gestalten:
ein Vermögen, ererbt und nicht erschuftet,
fruchtbar Land, und im Herd beständig Feuer,
kein Prozeß, und Klientendienst nur selten,
Ruhe stets, auch ein Leib, gesund und kräftig,
kluge Ehrlichkeit, gleichgesinnte Freunde,
beim Bankett Geselligkeit ohne Luxus,
eine Nacht, nicht trunken, doch ohne Sorgen,
nicht stets einsam im Bett, doch stets manierlich,
Schlaf, durch den uns das Dunkel kurz erscheinet,
mit dem Los, das uns zufiel, sich bescheiden,
und das Ende nicht fürchten noch ersehnen.

53
Grabschrift des Rennfahrers

Scorpus bin ich, der Stolz des jubelnden Amphitheaters,
   den du gefeiert hast, Rom,   ach, und geliebt: kurz nur war's.
Neidisch raffte die Parze mich hin nach neunmal drei Jahren:
   als sie die Siege gezählt,   schien ich ein Greis ihr zu sein.

60
Der Professor

Das Dreihörerrecht erbat sich Munna vom Kaiser,
   da er vor zweien bisher   nur seine Vorlesung hielt.

Zehntes Buch

62

Die großen Ferien

Schulmeister, schone doch die simple Jugend:
es mögen dann im Lockenhaar die Knaben
zuströmen deinem Vortrag, und die Jugend,
die um dein Pult sich schart, soll dich verehren.
Kein Rechenmeister und kein Kurzschriftlehrer
soll größre Schülerschar um sich versammeln.
Heiß im Gestirn des Löwen flammt die Glut,
der Juli brennt und kocht die Ernte reif.
Laß ruhen jetzt die Knute, mit der einst
der Marsyas von Celaenae ausgepeitscht ward;
die böse Rute auch, das Paukerzepter,
laß bis zum fünfzehnten Oktober schlafen.
Ein Kind, gesund im Sommer, lernt genug.

65

Der Weichling

Da du prahlst, daß du Bürger von Korinth bist
und, Charmenion, niemand dies bestreitet,
warum nennst du mich ,Bruder', der ich doch aus
Keltiberien und von dem Tagus stamme?
Sehen wir denn vielleicht einander ähnlich?
Dein Haar trägst du in schmucken Dauerwellen,
ich in spanischen widerspenst'gen Borsten.
Täglich glättest du dich mit Haarentferner,
während haarig ich bin an Bein und Backen.
Schwächlich lispelst du mit so sanftem Stimmchen,
daß ein kleines Mädchen wohl lauter spräche.
So verschieden sind Adler nicht und Tauben
und das furchtsame Reh vom grimmen Löwen.
Drum hör auf, mich als ,Bruder' anzureden,
sonst, Charmenion, nenne ich dich ,Schwester'.

69

Unfair

Aufpasser läßt du bespitzeln den Mann, doch entziehst dich der
Aufsicht –
das ziemt der Ehefrau nicht: du nimmst den Mann dir zum
Weib.

72

Schmeichelei unerwünscht

Hebt euch hinweg von mir, Lobhudelein,
ihr Lumpenpack mit abgewetzter Lippe;
von ‚Herr und Gott‘ wird keine Rede sein:
du hast hier nichts zu suchen, Schmeichlersippe.
Dort, wo man Perserturban trägt
und kriechend auf den Bauch sich legt,
dort werft geschminkten Königen euch zu Füßen,
dort möget ihr die Erde küssen.
Es herrscht *hier* kein Despot: ein Imperator
regiert hier als gerechtester Senator.
Er war's, der uns aus dunkler Höllennacht
die Wahrheit ungeschminkt zurückgebracht.
So rede, Rom, jetzt, wenn du gut beraten,
nicht so, wie unter frühern Potentaten.

74

Der müde Klient

Verschone endlich, Rom, den abgehetzten
Glückwünscher, den ermüdeten Klienten.
Wie lange muß ich noch als Morgengrüßer,
umgeben von Lakaien und Klienten,

Zehntes Buch 99

den Tagelohn von hundert bleiern Hellern
verdienen, wenn in *einer* Stunde Scorpus
sich fünfzehn Beutel blinkend Golds erwirbt?
Ich will ja nicht als Lohn für meine Büchlein
(was sind sie schon?) apulische Gefilde;
nicht lockt mich Hybla noch der Nil, auf dem
man seltenes Gewürz verfrachtet; nicht die Reben,
die auf Pomptinersumpf von Setias Höhn herabschaun.
„Was willst du also?" fragst du. – Schlafen will ich.

79

Herr Reich und Herr Arm

Sechs Kilometer von Rom hat Reich eine prächtige Villa,
  sechs Kilometer von Rom   kauft eine Wohnlaube Arm.
Reich erbaut sich ein Schwimmbad, aus buntem Marmor
                                          verfertigt,
  Arm beschafft sich darauf   gleich – eine Wanne zum Bad.
Reich bepflanzt sein Gelände mit herrlichen Lorbeerbosketten,
  Arm jedoch pflanzt in sein Beet   hundert Kastanien ein.
Reich ist gewesener Konsul; Arm war der Schulze des Dorfes
  und hat in diesem Amt   sich nicht geringer gefühlt.
Wie in der Fabel der Ochse zum Platzen einst brachte das
                                          Fröschlein,
  so bringt, fürchte ich, bald   Reich auch zum Platzen den Arm.

82

Klage des Klienten

Wenn es dir wirklich was nützt, daß ich mich plage, so werf ich
  gern mich am Morgen, ja selbst   mitternachts schon in den
                                          Frack;
will auch des bösen Nordwinds Gebraus mit Fassung ertragen
  und laß auch über mich   Regen ergehen und Schnee.

Wenn es dich aber auch nicht um einen Heller bereichert,
   daß ich – ein besserer Herr – ächze und krächze vor
                    Schmerz,
schone mich bitte: erlaß mir die Mühe – ich bin ja so müde!
   Du hast ja doch nichts davon,   mich aber, Gallus, bringt's um.

84

Die Beilage

Wundert's dich, Caedician, daß Afer nicht schlafen geht? Sieh
                       doch
   einmal die Dame dir an,   welche zu Tisch bei ihm liegt.

91

Untauglich

Nichts als Eunuchen hält Almo; er selbst bringt auch nichts
                       zustande
   und beklagt sich, daß ihm   Polla nicht Kinder gebiert.

97

Mein Pech

Numa liegt auf den Tod. Schon türmt man auf den
                        Scheiterhaufen,
Sein Weib geht heulend aus, Parfüm zum Nachguß einzukaufen.
Grab, Bahre, Leichenwäscher sind schon lang bereit gewesen,
da setzt' er mich zum Erben ein – und ist sofort genesen.

Zehntes Buch

100 (Hinkjamben)

Mit fremden Federn

Wie wagst du's, daß du meine Verse dir einspickst?
Dein eignes Buch schreit laut ja ‚Plagiat', Dummkopf!
Gesellen zu Schakalen sich vielleicht Löwen?
Willst du, daß Eulen sich als Adler ausgeben?
Wenn du dir auch vom schnellsten Läufer ein Bein borgst,
so wirst du mit dem eignen Holzbein doch hinken.

102

Unproduktiv

Wie kommt's, fragst du, Avitus, daß Philin,
der nie gedeckt hat, Vaterfreuden kennt?
Da wohnt ein Herr in Cadiz – frag doch ihn –,
der gar nichts schreibt und sich doch Dichter nennt.

103

Rückkehr in die Heimat

Mitbürger, die ihr in Bilbilis wohnt auf ragender Höhe,
    welche der Salofluß gürtet mit reißender Flut,
habt ihr Freude daran, daß euer Dichter berühmt ist?
    Denn mein Name gereicht euch ja zu Ruhme und Stolz.
Mehr verdankt nicht Verona dem eleganten Catullus,
    und es nähme auch mich gern als den Seinigen an.
Vierunddreißigmal schon vergingen Sommer und Ernte,
    seitdem ihr ohne mich Opfer der Ceres gebracht.
Seit in den Wällen der schönen Gebieterin Roma ich weilte,
    hat Italiens Reich grau meine Haare gefärbt.
Wollt ihr mich freundlichen Sinnes empfangen, so werde ich
                                    kommen,
    ist aber hart euer Herz, kann ich ja wiederum gehn.

104

Zum Geleite

Geh, mein Büchlein, begleite meinen Flavus
weithin über das Meer, doch sei's ihm freundlich,
und mit schneller Fahrt und günstigen Winden
fahr' nach Tarracos Hochburg er in Spanien.
Dann befördert in schneller Fahrt der Wagen
dich nach Bilbilis' Höhn und deinem Salo:
nach dem fünften Ausspann vielleicht erreichst du's.
Was für Aufträge, fragst du, hab ich? Grüß mir
meine alten Gefährten – wenige sind's nur –,
die zuletzt ich vor vierunddreißig Jahren
sah; dann erinnre meinen Flavus, daß er
mir, sofern es ihm nicht zu mühsam wäre,
gutes Obdach und preiswert finden möge,
wo dem Müßiggang sich Papa kann widmen.
Das ist alles. Schon hört den Kapitän man
schimpfen, daß man ihn aufhält; der Wind steht günstig
und die Ausfahrt ist frei. Leb wohl, mein Büchlein,
denn auf *einen* Fahrgast wird nicht gewartet.

ELFTES BUCH

2

An die Prüden

Cato mit grämlich gerunzelter Stirn, puritanischer Zensor,
   heb dich hinweg; auch du,   prüdes und bäurisches Weib.
Sittenschnüffler, und ihr moralverzapfenden Spießer,
   Volk, das der Nacht abhold – fort mit euch, macht euch
                          davon!
Meine Gedichte rufen ‚Alaaf!‘ in Karnevalsfreiheit,
   wo man das darf – und jetzt herrscht   Nerva, der Freiheit
                         uns gönnt.
Pußliche Herrschaften, lest doch die holprigen Verse des Santra,
   aber mich lasset in Ruh’: in diesem Büchlein sprech *ich*.

5

An den Kaiser

Solchen Respekt hast du für Recht und Billigkeit, Caesar,
   wie ihn einst Numa gezeigt: doch König Numa war arm.
Schwierig ist’s, reich zu sein und doch moralisch zu leben,
   reicher als Kroesus dereinst   und doch ein Numa zu sein.
Kehrten die Ahnen zurück, die alterhabenen Namen,
   dürfte entvölkern man auch   selbst des Elysiums Hain,
ehrte dich als Befreier der unbesiegte Camillus,
   bötest du es ihm an,   nähme Fabricius Geld.
Brutus hätte dich freudig zum Kaiser; der blutige Sulla
   träte die Führung des Staats   bei seinem Rücktritt dir ab.
Als Privatleute würden Pompeius und Caesar dich lieben,
   Crassus gäb zum Geschenk   all seine Reichtümer dir.
Ja, selbst Cato, wenn er aus Plutos finsterem Reiche
   kehrte zurück, so wär’ heut er von Caesars Partei.

14

Sit tibi terra levis

Erben, begrabet nicht das winzige Bäuerlein; wenn auch
   wenig Erde ihn deckt,   lastet sie schwer doch auf ihm.

15

Karnevalsscherze

Bücher schrieb ich, die selbst des Cato Gattin
lesen könnt' und prüde Sabinerinnen;
doch ein einzig Gelächter sei dies Büchlein
und frivoler (so will ich's) als alle Büchlein.
Triefen soll es von Wein und nicht erröten,
spielen soll es mit Knaben, mit Mädchen flirten,
unverblümt auch soll es bei Namen nennen
jenen Körperteil, der uns alle zeugte,
den der würdige Numa ‚Schwänzlein' nannte.
Doch gedenke, daß für die Saturnalien
diese Verse ich schrieb, Apollinaris:
meine Moral ist nicht die dieser Verse.

16

Warnung

Hochmoralischer Leser, es ist wohl besser, du gehst jetzt,
   denn für Großstädter nur   hab ich geschrieben dies Buch.
Diese Seite gehört dem frechen Witz des Priapus,
   Kastagnetten frivol   klappern in neckischer Hand.
Hart dann kommt's dich wohl an, und seist du noch so moralisch,
   so wie zu Großpapas Zeit   einst es die Sitte gebot.
Selbst dich Unschuld vom Lande, mein Kind, wird's feucht
                                   überrieseln,
   wenn dich die Pikanterie   meiner Gedichte erregt.
Ach – sie errötet, die Reine, und legt mein Büchlein beiseite –
   aber ihr Mann steht dabei.   Jetzt geht er weg – und sie liest's!

Elftes Buch

17

Nicht nur Erotik

Nicht nur der Nacht gehört in diesem Buch jede Seite:
    manches findst du auch, das morgens, Sabinus, du liest.

34

Gut gelegen

Aper kaufte ein Haus: keine Eule möchte drin nisten,
    so von Alter und Rauch ist es geschwärzt und verfällt.
Aber daneben besitzt der reiche Maro ein Landhaus:
    wohnen wird Aper zwar schlecht, essen jedoch wird er gut.

35

Die Party

Wenn dreihundert Gäste, die ich nicht kenne,
du, Fabullus, einlädst und dann dich wunderst,
klagst und schiltst, weil dem Mahle fern ich bleibe,
wisse, daß ich nicht gern alleine speise.

39

Der treue Diener

Einstmals hast, Charidem, du meine Wiege geschaukelt,
    Schutz und Begleiter warst du mir als Knaben sodann.
Jetzt aber wird mein Handtuch schon schwarz, wenn den Bart
                ich rasiere,
und es beklagt sich die Maid, daß meine Lippe sie kratzt.
Aber für dich bin ich stets noch ein Kind: dich fürchtet mein
                Pächter,
dich mein Verwalter, mein Haus – Angst haben alle vor dir.

Elftes Buch

Spielen läßt du mich nicht, noch darf der Liebe ich pflegen:
    nichts gestattest du mir,   dir aber steht alles frei.
Du verweist und bewachst mich, du klagst und seufzt, wie ich's
                                     treibe,
    und schwer fällt's deinem Zorn,   daß du zur Rute nicht greifst.
Lege ich tyrischen Purpur an und Parfüm auf die Haare,
    rufst du: „Dein Herr Papa   hat so was niemals getan."
Wieviel Gläser ich leere, zählst du mit gerunzelter Stirne,
    grad so, als käme vielleicht   aus *deinem* Keller das Faß.
Laß das: ein Freigelassner als Cato – das kann ich nicht leiden.
    Daß ich ein Mann schon bin –   meine Geliebte bezeugt's.

44

Freundschaft?

Reich bist du, ohne Familie und anno Olim geboren
    und glaubst wirklich, daß wer   ehrliche Freundschaft dir
                                  zollt?
Echte Freunde sind die, die du jung und besitzlos schon hattest,
    aber wer heute als Freund   zu dir kommt, liebt deinen Tod.

48

Pietät

Der des beredten Cicero Güter besitzet, der Dichter
    Silius – feierlich ehrt   hier er die Manen Vergils.
Niemanden würden als Erben und Herrn ihrer Häuser und
                                   Gräber
    lieber als diesen Vergil   und mit ihm Cicero sehn.

Elftes Buch 107

56

Der Stoiker

Daß du den Tod, mein Freund, wie ein echter Stoiker preisest,
  soll ich bewundern und gar   loben, wie gut du dich hältst?
Aber ich kenne die Gründe für deine hochherzige Haltung:
  Scherben sind dein Geschirr,   kalt, ohne Feuer dein Herd,
wanzenzerfressen dein Bett, ein Gestell ohne Polster und Laken,
  und *ein* schäbig Gewand   trägst du bei Tag und bei Nacht.
Welch eine Seelengröße, von solchen Schätzen zu scheiden:
  Essig und schwarzes Brot   und gar ein Strohsack zur Nacht.
Aber schlafe einmal auf Kissen aus teuerster Wolle,
  und mit Purpur gedeckt   sei dir der schwellende Pfühl,
und es schlafe bei dir ein Knabe mit rosigen Lippen,
  der deinen Gästen den Wein   reicht und Verlangen erregt –
ja, dann wolltest du leben und Nestors Alter erreichen,
  und du verzichtetest nicht   auf einen einzigen Tag.
Leicht fällt Lebensverachtung dem, der ein ärmlicher
                                    Schlucker:
  wirklich tapfer ist der,   der auch das Elend erträgt.

60

Sex Appeal

Welche im Bett besser sei, ob Chione fragst du, ob Phlogis?
  Schöner ist Chione zwar,   Phlogis jedoch hat ein – Ding:
So ein Dingelchen könnte den Schlappschwanz des Priamus
                                    straffen,
  und es machte den Greis   Pelias wieder zum Mann.
Jeder möchte, daß seine Braut so ein Dinglein besäße –
  so etwas, was nur ein Arzt   (doch eine Ärztin nicht) heilt.
Chione ist ganz gefühllos: sie hilft nicht mit Stöhnen, mit
                                    Keuchen:
  unbeteiligt und steif   liegt wie ein Steinblock sie da.

108 Elftes Buch

Wenn es erlaubt ist, ihr Götter, so Großes von euch zu erflehen
und wenn so kostbare Gunst   gnädig gewähren ihr wollt,
Gebt dann Phlogis die Schönheit von Chiones Körper zu eigen,
Chione aber gebt dies –   Ding, welches Phlogis besitzt.

62

Nichts umsonst

Lesbia schwört, daß sie es nie umsonst getan.
Das stimmt: wenn sie was braucht, bezahlt sie halt den Mann.

66

Unverständlich

Du bist ein Spitzel, ein Verleumder auch zugleich,
Betrug ist dein Geschäft, und wenn du handelst, schiebst du,
ein Lüstling eigner Art; auch Menschenhandel liebst du –
Aus welchem Grunde bist du eigentlich nicht reich?

67

Vertröstet

Nichts gibst du mir, da du lebst: wenn du tot bist, sagst du,
dann erb ich.
Wenn du nicht ganz von Verstand,   denkst du dir wohl
meinen Wunsch.

Elftes Buch

80 (Hinkjamben)
Einladung nach Baiae

Wenn ich den goldnen Strand der Venus zu Baiae,
worauf stolz die Natur ist – Baiae, das Kleinod,
in tausend Versen, Flaccus, feierte, wär' doch
das Lob entsprechend nicht dem Gegenstand, Baiae.
Doch näher steht mir, Flaccus, Martial als Baiae:
sich beides gleich zu wünschen wäre Anmaßung.
Doch wenn's durch Göttergnade mir vergönnt wäre,
was wäre schöner als Martial mitsamt Baiae!

83
Teures Logis

Niemand wohnt gratis bei dir, der nicht kinderlos oder
                                                schwerreich ist:
teurer vermietet sein Haus   niemand wohl, Sosibian.

87
Armut schändet nicht

Früher, als du noch reich warst, konnten dich Knaben nur reizen:
Frauen waren dir da   völlig uninteressant.
Jetzt läufst alten Weibern du nach. Was vermag nicht die Armut!
Dich, Charidemus, hat sie   schließlich normal noch gemacht.

92
Untertreibung

Zoilus, wer dich lasterhaft nennt, macht der Lüge sich schuldig;
lasterhaft? Nein, du bist's   Laster personifiziert.

Elftes Buch

93
Das Malheur

Flammen zerstörten Theodors Haus, des musengeweihten
    Dichters. Musen und du, Phoebus, laßt solches ihr zu?
O welche Untat haben die Götter, welch Unrecht begangen,
    daß mit dem Hause zugleich nicht auch der Hausherr
                    verbrannt!

101
Sehschärfe

Flaccus, Thaïs, die dünn wie ein Fädchen ist, konntest du sehen?
    Flaccus, es scheint mir, du kannst sehen, was nichtexistent.

102
Süß und dumm

Lydia, ganz zu Recht erzählte man mir, daß du schön bist,
    aber so wie ein Stück Fleisch, das keinen Ausdruck besitzt.
Ja, so ist's, wenn du neben mir liegst, so stumm und so
                    schweigsam
    wie eine Puppe aus Wachs, wie ein gemaltes Porträt.
Redest du aber einmal, so flieht auch die Schönheit des Fleisches,
    niemandem schadet dann so eigene Zunge wie dir.
Mögen dich nur – sieh dich vor! – die Ädilen nicht sehen und
                    hören:
    Unheil kündet es an, wenn eine Statue spricht.

104
An seine Frau

Eheweib, schere dich fort oder füge dich mir, denn ein Spießer
    bin ich nun einmal nicht, halte auch nichts von Moral.

Elftes Buch 111

Ich verbringe die Nächte am liebsten mit fröhlichem Zechen,
  du trinkst Wasser und ziehst   griesgrämig bald dich zurück.
Du hast die Dunkelheit gern: ich kose im Scheine der Lampe:
  hell muß es sein, dann streng' gerne die Lenden ich an.
Du legst das Mieder nicht ab, nicht das Hemd, nicht einmal den
                                                     Schlafrock:
  nackter als nackt aber lieb   *ich* mir ein Mädel im Bett.
Mich bezaubern die Küsse, wie zärtliche Täubchen sie tauschen:
  du küßt grade so wie   Großmama morgens mich küßt.
Stumm und starr liegst du da: auch Fingerübung verschmähst du,
  grad so, als ob rituell   hier sich ein Opfer vollzieht.
Hinter der Türe erregt' es die phrygischen Sklaven zur Reibung,
  wenn auf ihrem Gemahl   Hektor Andromache ritt.
Und so sehr auch der Held von Ithaka schnarchte – ihr Händchen
  hatte Penelope stets   züchtig am richtigen Ort.
Hinterrücks magst du's nicht leiden – das bot Cornelia dem
                                                     Gracchus,
  Julia hat das ihrem Mann,   Porcia dem Brutus gewährt.
Als Ganymedes noch nicht als Jupiters Mundschenk amtierte,
  gab zu rückwärtigem Dienst   Juno dem Gatten sich hin.
Nun, wenn es Freude dir macht, sei eine Lukrezia bei Tage,
  aber ich wünsch mir zur Nacht   eine Kokotte im Bett.

106

Keine Zeit

Vibius Maximus, wenn du nicht besetzt bist,
lies dies Verschen; denn vielbeschäftigt bist du
und liebst auch nicht, daß man dich überlaste –
selbst vier Verse läßt du vorbeigehn? Recht so!

ZWÖLFTES BUCH

3
Dank

Was Maecenas, der Ritter von uralten Königen stammend,
  Flaccus und Varius bot   und auch dem Größten, Vergil,
warst du, Flaccus Terentius, mir: den Völkern soll's künden
  rühmendes Wort und mein Werk,   welches in Ewigkeit lebt.
Wenn ich Talent besitze, so hab ich's dir zu verdanken,
  der du mir Muße verschafft,   wie sie dem Freien geziemt.

8
An Trajan

Göttin aller Länder und Völker, Roma,
der nichts gleicht noch mit Abstand sich kann nähern,
zählte fröhlich die lange Reihe Jahre,
die Trajan als Regierungszeit beschieden.
Als an unserem großen Führer so viel
Jugend sie und Soldatentugend wahrnahm,
rief sie aus, voller Stolz auf diesen Herrscher:
„Partherfürsten und Führer der Chinesen,
Thrazier, Goten, Sarmaten und Britannen,
einen Kaiser kann ich euch zeigen: naht euch!"

10 (Hinkjamben)
Nie genug

Africanus hat Millionen – und ist Erbschleicher.
Gar manchem gibt das Glück zuviel; genug – keinem.

Zwölftes Buch 113

17
Das kluge Fieber

Warum seit vielen Tagen dein Fieber, Laetinus, nicht nachläßt,
  willst du wissen, und stets   klagst du und jammerst deshalb.
Mit dir läßt's in der Sänfte sich tragen, mit dir geht's zum Bade,
  Champignons ißt es mit dir,   Austern, Saueuter und Wild.
Oft berauscht an Setinerwein sich's und oft an Falerner
  und mit Eiswasser nur   trinkt es den Caecuberwein.
Lässig lehnt sich's, mit Rosen bekränzt, mit Düften begossen,
  und im Federbett schläft   es und auf purpurnem Pfühl.
Wenn das Fieber bei dir so schön lebt und es so gut hat,
  warum erwartest du, daß   es sich zu Dama begibt?

18
An Juvenal

Während rastlos vielleicht umher du wanderst,
Juvenal, im Gelärme der Subura,
oder auf den Hügel Dianas eilest:
wenn dich an der Schwelle der großen Herren
deine schweißige Toga fächelt und am
großen du und kleinen Caelius japsest,
hat mein Bilbilis mich nach vielen Jahren
aufgenommen: nun bin ich ein Provinzler –
Bilbilis, stolz auf Gold und Eisenadern.
Hier bestellt man, ohne sich anzustrengen,
Boterdum und Platéa – Namen, wie sie
gangbar sind in den Hinterwäldern Spaniens.
Schamlos gradezu widm' ich mich dem Schlafe
und bleib oftmals bis neun Uhr morgens liegen.
Jetzt wird nachgeholt, was in dreißig Jahren
mich an Ruhe die Nächte Roms gekostet.
Toga trägt man hier nicht; das erste beste
Kleid wird mir gereicht aus dem morschen Schranke.

Steh ich auf, erwartet ein Riesenfeuer
mich am Herd, aus gehäuften Eichenkloben,
die des Meiers Weib mit viel Töpfen krönte.
Dann erscheint mein Jäger – ein Bursch, mit dem man
gern mal gänzlich privat im Wald allein wär'.
Mein Verwalter, noch bartlos, teilt Rationen
aus den Sklaven und bittet um Erlaubnis,
seine langen Locken sich kurz zu stutzen –
so leb gern ich, so will ich auch gern sterben.

23

Die Einäugige

Ganz ungeniert trägst du gekaufte Zähne und Haare,
  doch mit dem Auge, wie steht's,   Laelia? Das kauft man nicht.

25

Die Hypothek

Wenn ich um Geld ohne Pfand dich bitte, so sagst du: „Ich hab
                                          keins",
  aber verpfänd ich mein Land,   hast du gleich Bargeld zur
                                          Hand.
Was du dem alten Gefährten nicht kreditierst, Telesinus,
  meinen Bäumen und Kohl-   köpfen verborgst du es gern.
Jetzt denunziert dich Carus: es steh dir mein Acker zur Seite:
  suchst du Geleit ins Exil,   gehe mein Gütchen mit dir.

30

Das Zeugnis

„Brav ist Aper und nüchtern." Ja, was soll das?
So lob ich einen Diener, doch den Freund nicht.

Zwölftes Buch

44

Familienrücksicht

Unicus, mir durch Bande von Blut und Namen verbunden,
lieb mir auch, weil du wie ich   dich mit der Dichtkunst befaßt,
wenn du Gedichte schreibst, die deinem Bruder nur weichen,
bist du nicht minder begabt,   sondern du liebst ihn zu sehr.
Lesbia könnte so wie den charmanten Catullus dich lieben,
gleich nach Ovid käm' auch   zärtlich Corinna zu dir.
Spanntest du weiter die Segel – am Wind fehlt's nicht, doch das
Ufer
liebst du. Auch das hast du   mit deinem Bruder gemein.

46

Dilemma

Schwierig bald, bald leicht zu haben,
freundlich bald, bald säuerlich –
Ach, ich kann nicht mit dir leben,
und kann's auch nicht ohne dich.

47

Auf Bestellung

Lupercus wie auch Gallus verkaufen ihr Gedicht:
Daß Dichter praktisch handeln, mein Freund, bestreite nicht!

51 (Hinkjamben)

Der Lauf der Welt

„Daß man den Fabullinus doch so oft reinlegt!" –
Dich wundert's? Immer zahlt ein guter Mensch Lehrgeld.

54

Kein Adonis

Rothaarig, schwärzlich und hinkend, einäugig – Zoilus, wenn
              man
  aussieht wie du und dabei   gut ist, so ist man ein Held.

56

Der Rekonvaleszent

Zehnmal im Jahr bist du krank, ja öfter noch; aber den Schaden
  hast, Polycharmus, du nicht: wir sind es, welche er trifft.
Denn wenn du aufstehst, erwartest du immer Genesungs-
                        geschenke –
  pfui, Polycharmus, sei jetzt   endlich ein einzig Mal krank!

59

Das Busserln

Wenn nach einigen Jahren du zurückkehrst,
gibt dir Rom solch ein Übermaß an Küssen,
wie selbst Lesbia nicht Catull gegeben.
Alle Nachbarn küssen dich ab: behaarte
Bauern schlecken dich ab mit Stachelbärten,
hier bedrängt dich der Weber, dort der Gerber
und der Schuster, der grad sein Leder kaute;
hier der Träger eines verlausten Bartes,
ein Triefäugiger dort, mit Schleim beträufelt,
und wer grade dies oder das beleckt hat:
hierfür lohnt' es sich nicht, zurückzukommen.

68
Jetzt umgekehrt

Morgendlicher Klient (der Grund, weshalb Rom ich verlassen),
    suche Paläste nur, wenn du verständig bist, heim.
Ich bin kein Rechtsanwalt und für Prozesse gar nicht geeignet:
    faul bin ich, auch nicht mehr jung und meinen Musen geweiht.
Freude hab ich an Nichtstun und Schlaf, den in Rom ich
                        entbehrte;
    läßt man mich hier nicht in Ruh', kehre nach Rom ich zurück.

79
An Atticilla

Vieles schenkt' ich dir, das du dir erbeten,
    mehr noch schenkt' ich dir, als du dir erbeten,
unaufhörlich jedoch verlangst du mehr noch:
    wer nicht nein sagt, treibt schließlich Schweinereien.

82
Der Beharrliche

Wie man's auch anstellt, man kann im Schwitzbad oder im
                        Schwimmbad
    dem Menogenes nicht, will man's so sehr auch, entgehn.
Rechts und links fängt die Bälle er auf, wenn beim Spiel man
                    sich aufwärmt,
    und die gefangen er hat, rechnet den deinen er zu,
hebt aus dem Staube und wirft dir zu den zerflederten Hand-
                    ball,
    selbst wenn du rein nach dem Bad bist und Pantoffeln schon
                    trägst.
Bringst du ein Handtuch, so ruft er begeistert: „Wie schneeweiß
                    das aussieht!",
    wäre es dreckiger auch, als es ein Kinderlatz ist.

Kämmst du dein schütteres Haar, das spärlich die Glatze nur
zudeckt,
sagt er, sein wallendes Haar habe Achilles gekämmt.
Selber bringt er erfrischenden Trunk aus rauchiger Flasche,
und wenn die Stirne dir schwitzt, wischt er sie sorgfältig ab.
Alles wird er bewundern und preisen, bis schließlich du mürbe
bist und endlich ihm sagst: „Komm heut zum Essen zu mir!"

89

Haarweh

Wenn ein Tuch um den Kopf, Charin, du bindest,
ist's nicht Ohrenschmerz: mit den Haaren stimmt's nicht.

92

Hypothetische Frage

Was für Benehmen ich zeigte, wenn reich ich, Priscus, und
mächtig
plötzlich würde, willst du oftmals erfahren von mir.
Glaubst, voraussagen könnt' irgendwer sein künftig Verhalten?
Sag, wie verhieltest du dich, würdst du zum Löwen gemacht?

94

Der literarische Rivale

Als ich ein Epos schrieb, fingst du auch eins an, und ich stoppte,
um nicht im Wettbewerb unsre Gedichte zu sehn.
Meine Muse bestieg daraufhin den Kothurn der Tragödie,
doch auch du legtest gleich schleppende Roben dir an.
Dann begann ich, im Stil des Horaz zur Lyra zu singen,
doch das Plektrum hast du, Ehrgeiz'ger, gleich mir geraubt.

Zwölftes Buch

An die Satire wagte ich mich: du tatst es Lucil nach,
  leichte Lyrik spiel ich – aber dasselbe spielst du.
Was gibt's Bescheidneres schon? Epigramme beginn ich zu
                                    schreiben,
  aber auch hier strebst du   nach meiner Palme des Siegs.
Wähle schon, was du nicht treibst – anmaßend ist's, alles zu
                                    wollen –,
  und wenn dir etwas nicht liegt, Tucca, so laß es für mich!

DREIZEHNTES BUCH

XENIEN

Xenien waren Gastgeschenke, die man Freunden sandte, natürlich –
da alle Gebildeten Verse schrieben – mit entsprechenden Mottos versehen.

3
Das Buch der Geschenke

Alle Geschenke, enthalten in diesem schmächtigen Bändchen,
   kannst du zum niedrigen Preis   von vier Sesterzen erstehn.
Vier sind zuviel? Du kannst auch um zwei Sesterzen es kaufen:
   Tryphon, mein Buchhändler, hat   noch einen Nutzen daran.
Deinen Freunden sende die Verschen an Stelle der Gaben,
   wenn's an Moneten dir fehlt,   wie's bei mir leider der Fall.
In der Überschrift nenne ich jeden Artikel bei Namen:
   paßt dir was nicht in den Kram,   magst du es gern übergehn.

6
Sauerbier

Sauerbier konnt' ich dir nur – ein Reicher könnt' Honigwein –
                            schicken;
   doch wenn der Reiche ihn nicht   schicken will, kaufe ihn
                            selbst!

11
Gerste

Maulesel plaudern nichts aus: drum hab, was ihr Treiber
                            gestohlen,
   ich zum Geschenke nicht dir,   sondern dem Kneipwirt
                            gemacht.

14
Salat

Unsere Ahnen servierten Salat am Ende der Mahlzeit:
sage, warum heutzutag   jener die Mahlzeit beginnt?

18
Schnittlauch

Hast du geschnittenen Lauch von Tarent gegessen, der heftig
duftet, halte dann beim   Küssen geschlossen den Mund!

34
Zwiebeln

Hast du ein altes Weib, und hängen dir schlapp alle Glieder,
füllst du zur Sättigung nur   dir mit den Zwiebeln den Bauch.

45
Hühnchen

Hätt' ich Fasanen und Puten, so würde ich gern sie dir schicken;
so nimm vorlieb mit dem,   was aus dem Hühnerstall kommt.

46
Pfirsiche

Billig waren wir, auf des Ursprungslands Zweigen gezüchtet,
jetzt aber sind, adoptiert,   kostbare Pfirsiche wir.

Dreizehntes Buch – Xenien

48

Champignons

Silber und Gold, ein Mantel, ein Kleid, sind leicht zu versenden;
    Edelpilze jedoch   eignen sich schwer zum Versand.

50

Trüffeln

Die wir mit zartem Scheitel die nährende Erde durchstoßen,
    Trüffeln sind wir, und nur   Champignons stehen wir nach.

52

Enten

Ganz sei die Ente serviert, doch Brust und Hals nur sind
                        schmackhaft;
    was dann übrig noch ist,   schicke zurück deinem Koch.

58

Gänseleber

Schau wie die Leber geschwollen und größer selbst schon als die
                        Gans ist!
    Staunend fragt man da nur: woher kommt dieses Gewächs?

60

Kaninchen

Gerne bewohnt das Karnickel die ausgeschachteten Schlüfte,
    aber verschwiegenen Weg   zeigt es damit seinem Feind.

Dreizehntes Buch – Xenien

74
Gänse

Sie hat den Ahnen den Tempel des Jupiter einstmals gerettet?
　　Warum staunst du? Noch nicht　hatte ein Gott ihn erbaut.

77
Schwäne

Dem die Stimme sonst fehlt, er singt in lieblichen Tönen,
　　wenn ans Sterben es geht,　einmal ein Lied sich, der Schwan.

87
Purpurschnecken

Undankbarer, es ist nicht genug, daß mit unserem Blute
　　du deinen Mantel dir färbst –　Speise auch müssen wir sein.

104
Attischer Honig

Die des Theseus Hymettos geplündert – vom Walde Athenes
　　haben die Bienen dir hier　köstlichen Nektar gesandt.

111
Falernerwein

Dieser Massikerwein ward in Sinuessa gekeltert.
　　Wer war der Konsul des Jahrs?　Konsuln gab's damals
　　　　　　　　　　　　　　noch nicht.

Dreizehntes Buch – Xenien

116

Signinerwein

Trinkst du den Wein von Signina, um deinen Durchfall zu
heilen?
Zähm deinen Durst, denn es stellt   leicht sonst Verstopfung
sich ein.

117

Mamertinerwein

Wenn man ein Faß Mamertinerwein, so bejahrt wie einst Nestor,
dir gegeben, magst du   nennen ihn, wie du nur willst.

121

Pälignerwein

Trüben marsischen Wein hat pälignischer Bauer geliefert:
stift ihn dem Personal,   trink aber selber ihn nicht!

126

Parfüm

Feine Parfüme und Weine sollst nie deinem Erben du lassen.
Ihm vermache dein Geld,   jene lass' er dir jedoch.

VIERZEHNTES BUCH

APOPHORETA

Buch 14 bezieht sich auf „Geschenke zum Mitnehmen", die an Gäste verteilt wurden. In der ursprünglichen, jetzt allerdings in Unordnung gekommenen Reihenfolge des Buches wechselten von Reichen und Armen geschenkte Gaben ab.

8
Vitellianische Schreibtäfelchen

Hat die Jungfrau sie auch noch nicht gelesen,
weiß sie doch, was die Täfelchen begehren.

9
Dieselben

Glaubst du, wir sind billets-doux, nur weil wir klein von Format
sind?
Weit gefehlt, denn mit uns   mahnt man auch fällige Schuld.

10
Papier im Großformat

Halt es nicht für allzu geringe Gabe,
wenn dir weißes Papier ein Dichter sendet.

11
Briefpapier

Ob es nur an Bekannte geht oder treue Gefährten,
jeden redet dies Blatt   doch als ‚mein Teuerster' an.

Vierzehntes Buch – Apophoreta

19

Nüsse

Nüsse – ein harmloses Spielchen: was könnten für Schaden sie
stiften?
Aber sie haben schon oft Knaben die Unschuld geraubt.

22

Zahnstocher

Besser wär' Buchsbaumholz; doch fehlt die hölzerne Spitze,
kannst mit dem Federkiel du stochern die Zähne dir auch.

24

Goldene Haarnadel

Daß nicht das feuchte Haar die herrliche Seide entstelle,
hält diese Nadel das Haar hoch und durchbohrt es zugleich.

25

Kämme

Hier ist ein Kamm aus Buchsbaum, in viele Zähne gespalten,
aber was hast du davon? Findet der Zahn doch kein Haar.

28

Ein Sonnenschirm

Hiermit empfange ein Schirmchen, der Sonne Brennen zu
wehren,
und wenn die Winde auch wehn – deine Markise schützt dich.

Vierzehntes Buch – Apophoreta

39

Eine Nachttischlampe

Bei dem Bett steh ich Lämpchen und sehe alles,
aber treib, was du willst – ich sag's nicht weiter.

49

Hanteln

Warum ermüdet der Tor mit Hanteln die kräftigen Schultern?
Gruben für Weinstöcke grab: besseres Training ist das.

55

Zahnpulver

Wozu brauchst du mich? Jungen Mädchen dien ich:
falsche Zähne pflege ich nicht zu putzen.

67

Fliegenwedel aus Pfauenfedern

Der dein Frühstück beschützt vor häßlich leckenden Fliegen,
stolzem Vogel dereinst war er ein prächtiger Schweif.

71

Ein Schwein

Fröhliche Saturnalien soll dir dies Schweinchen bereiten;
schäumenden Ebern gesellt, ward es durch Eichelmast fett.

Vierzehntes Buch – Apophoreta

87

Halbmondförmiges Speisesofa

Nimm das Sigma, mit Schildpatt verziert, entgegen. Acht Plätze
  hat's, und es liege darauf   jeder, den Freundschaft dir schickt.

137

Ein Halstuch

Sollte mein Büchlein ich bringen und ans Deklamieren mich
                                        machen,
  möge dies Halstuch dir dann   dienen als Ohrenverband.

181

Ein Leander aus Marmor

In den schwellenden Wogen rief aus der kühne Leander:
  „Auf dem Rückwege magst   du mich verschlingen, o Flut!"

186

Vergil in Pergamentausgabe

Welch ein kleiner Band umfaßt den gewaltigen Maro!
  Und auf dem Vorsatzblatt   findest du auch sein Porträt.

194

Eine Lukan-Ausgabe

Manche behaupten, ich sei überhaupt kein richtiger Dichter,
  aber der Buchhändler glaubt's,   der meine Werke verkauft.

205

Ein Lustknabe

Glatt sei der Bub, weil er jung ist, nicht weil ihn der Bimsstein
geglättet,
und so, daß neben ihm   nie mir ein Mädel gefällt.

208

Ein Stenograph

Eilt auch das Wort schnell dahin, so ist seine Hand noch viel
schneller:
während die Zunge noch spricht,   ruht seine Rechte schon aus.

218

Ein tüchtiger Koch

Sag mir, wie viele du einlädst und wieviel du ausgeben möchtest,
sonst kein Wort. Das genügt –   schon steht die Mahlzeit
bereit.

ANMERKUNGEN

Liber spectaculorum

5/6. Pasiphaë, Gemahlin des Königs Minos von Kreta (heute wissen wir, daß ‚Minos‘, wie ‚Pharao‘, ein Titel war), verliebte sich in einen Stier; dieser Verbindung entstammte der später von Theseus erschlagene Minotaurus, der einen menschlichen Körper, aber den Kopf eines Stieres besaß. Solche halb-tierischen Fabelwesen sind uns aus ägyptischer wie auch assyrischer Mythologie bekannt; der totemistische Ursprung solcher zoophilen Legenden (Zeus-Europa/Stier; Zeus-Leda/Schwan usw.) ist offenbar. Daß öffentliche Darstellung derartiger Szenen, besonders zwecks Bestrafung von Verbrecherinnen, nicht ungewöhnlich war, erhellt u. a. aus Sueton, Nero 12, und Apuleius, Met. 10, 34. – Der Herausgeber des lateinischen Textes, Lindsay, folgt Schneidewin, der die beiden letzten Zeilen (als Epigramm 6) selbständig macht; doch scheinen sie uns, wenn alleinstehend, einer Pointe zu entbehren. Eine alte Handschrift teilt sie dem folgenden (unvollständigen) Epigramm 6a zu, doch passen sie ganz und gar nicht zu ihm.

8. Domitian ließ gelegentlich Schauspieler durch zum Tode verurteilte Verbrecher ersetzen, die dann statt eines ‚Bühnentodes‘ wirklich getötet wurden. Hier stürzte ein ‚Daedalus‘, dessen Schwingen versagten, in einen Bärenzwinger; in einem vorhergehenden Gedicht wurde ein Verbrecher in der traditionellen Rolle des berühmten Räubers Laureolus wirklich gekreuzigt und von Bären zerfleischt. Der einheimische Bär *(ursus arctos)* war schon zur Zeit des Augustus selten geworden, wird aber noch in pompejanischen Graffiti erwähnt. – Auf Belustigungen dieser Art mag sich Martials Bemerkung über den Tiger beziehen (Lib. spect. 18): „Seit er unter uns weilt, ist er viel grausamer geworden.“

12. Lucina: Diana in ihrem Aspekt als Geburtshelferin. – Die zwei letzten Zeilen beziehen sich auf Semele, deren Körper Jupiter die noch nicht ausgetragene Frucht, Bacchus, entnahm: er nähte den Embryo in seinen Schenkel und trug ihn so aus. Diese zwei Zeilen schwächen das Gedicht und wurden daher von manchen Herausgebern einem unmittelbar folgenden Gedicht über dasselbe Thema zugeteilt.

132 Anmerkungen

16. Wahrscheinlich wurde die Himmelfahrt des Herkules dargestellt; mittels einer Maschine *(pegma)* wurden Flugeffekte erzielt.

29. Speisen und Gaben: sind wahrscheinlich Erfrischungen für die kämpfenden Gladiatoren und kleine, unter das Volk verteilte Geschenke.

Erstes Buch

1. *Libellus* bezieht sich meistens auf Gedichtbände, die geringeren Umfang als Prosawerke hatten. Daß sich dieses Gedicht am Anfang von Buch 1 befindet (nicht in allen Handschriften!), mag seinen Grund entweder darin haben, daß Sammlungen von Martials Gedichten schon eher im Umlauf waren (auch verlorene Jugendwerke werden von einigen Quellen erwähnt), oder es mag einer späteren Ausgabe beigefügt sein und sich vielleicht sogar auf ein dem Bändchen beigegebenes Porträt des Dichters beziehen.

10. ... der ihn bald zu einem reichen Witwer machen wird.

13. Als der zum Tode verurteilte Paetus Caecina zögerte, sich zu entleiben, erstach sich seine Gattin Arria und reichte ihm den Dolch mit den berühmten Worten: *„Paete, non dolet.“*

15. Gerichtet an Julius Martialis, Martials besten Freund in Rom, der etwa zwölf Jahre älter war als der Dichter. Uns mag der Hinweis auf die kurze, dem Freunde noch verbleibende Lebensdauer wenig taktvoll erscheinen, aber Martial betrachtete *vita* im prägnanten Sinn, d. h. nur diejenige Lebensspanne, die man genießen konnte.

18. Vatikanischer Wein war eine sehr geringe Sorte; der Gastgeber versucht zu sparen.

20. Der Kaiser Claudius wurde angeblich durch ein Pilzgericht vergiftet.

24. Juvenal (2, 134) behandelt denselben Vorwurf und benutzt denselben Wortwitz, *nubit amicus*. Das Wort *nubere* kann sich nur auf eine Frau beziehen; daß solche eheähnlichen Verbindungen zwischen Männern in alter wie in neuer Zeit stattfanden, ist bekannt. Als Nero seine ‚Hochzeit‘ mit dem Eunuchen Sporus feierte, soll ein Zuschauer gesagt haben: „Hätte doch Neros Vater so ein Weib geehelicht!“

28. Bankette begannen um 3 Uhr nachmittags; es bedurfte daher erheblicher Trinkfestigkeit, um bis zum folgenden Morgen zu trinken.

Anmerkungen

133

30. Martial benutzt das Wort *clinicus* (vom griech. *kline*, Bett oder Bahre); *clinicus* hat daher die Bedeutungen: a. der Arzt am Krankenbett, b. der Bettlägrige, c. der Aufbahrer (Bestatter).

32. Dieses Gedicht, an einen weiter nicht genannten Sabidius gerichtet, ging in der folgenden Form in den englischen Zitatenschatz ein: I do not love thee, Doctor Fell, / The reason why I cannot tell, / But only this I know full well: / I do not love thee, Doctor Fell.

34. Eine nicht unbekannte Form der Sexualpathologie. – Lesbia (der Name soll vielleicht an Catulls Geliebte erinnern) ist keine Dirne, sondern eine verheiratete Frau besseren Standes. – Chione und Iaïs (in manchen Handschriften auch Laïs) sind Hetärennamen. – Friedhöfe wurden und werden im Süden oft von Prostituierten der niedrigsten Klasse frequentiert.

36. Ledas Söhne waren Castor und Pollux: Nur dieser, von Zeus gezeugt, war unsterblich; er erbot sich, als Castor getötet wurde, ihm seine Unsterblichkeit abzutreten. Zeus erlaubte ihnen, verbunden abwechselnd einen Tag im Olymp, einen Tag in der Unterwelt zuzubringen.

41. Der Dichter gibt uns ein lebhaftes Bild der verschiedenen Ausrufer, die mit derben Witzen ihre Waren an den Mann brachten. – Appius Gabba und Tettius Caballus waren berühmte Spaßmacher: *caballus* ist das vulgäre (in alle romanischen Sprachen übergegangene) Wort für ‚Gaul‘ oder ‚Klepper‘. – Trastevere (Trans Tiberim) war eine Proletariergegend.

46. Manche fassen den Vokativ Hedyle (mit kurzem e schließend) als maskulin auf.

54. Aufnahme wie auch Aufkündigung einer Freundschaft wurden, wenn es sich um Prominente handelte, mit großer Förmlichkeit vollzogen. Maecenas ließ Horaz neun Monate warten, bis er ihn förmlich einlud, *esse in amicorum numero*. In der Kaiserzeit war die Aufkündigung der Freundschaft förmliche Erklärung der Ungnade und hatte Verbannung vom Hof, wenn nicht Schlimmeres, zur Folge.

61. Merkwürdigerweise waren nur wenige der großen Dichter und Schriftsteller Stadtrömer. ‚Gelehrt‘ war das traditionelle Lob für Catull, der in seinen unter dem Einfluß der alexandrinischen Schule verfaßten Werken (Attis, Die Locke der Berenike, Die Hochzeit von Peleus und Thetis) gemäß dem ‚l'art pour l'art‘-Prinzip bedeutende mythologische Kenntnisse zeigte und beim Leser voraussetzte. Lucius

Arruntius Stella, ein oft erwähnter Gönner Martials, war selber ein Dichter; Flaccus, ein anderer Dichter, ist jedenfalls mit dem Verfasser der Argonautica nicht identisch. Apollodorus ist ein nicht näher bekannter Ägypter: er könnte sogar griechisch geschrieben haben. Kurz vor der Veröffentlichung von Martials 1. Buch wurde der erste kapitolinische Wettbewerb ausgetragen: vielleicht war Apollodorus ein Preisträger. Canius Rufus und Decianus waren öfter erwähnte Dichter, Freunde und Landsleute Martials; Licinianus, ebenfalls ein Dichter, stammte aus Martials Heimatstadt Bilbilis.

71. Man pflegte die Gesundheit einer Person mit so vielen Bechern auszubringen, wie ihr Name Buchstaben zählte.

73. Wird nämlich die Ehe wegen ihres Verschuldens geschieden, so darf er ihre Mitgift behalten *(retentio dotis propter mores).*

74. Sie ist jetzt verwitwet oder geschieden und hat durch Eheschließung mit diesem Mann den früheren Verdacht bestätigt.

79. Der vielfache Sinn des Wortes *agere* ist im Deutschen nicht durch *ein* Wort wiederzugeben, so daß wir versuchten, die Schlußpointe *agas animam* statt mit dem undeutschen Ausdruck ‚treibe (hauche) deine Seele aus' mit „gib auf den Geist" zu übersetzen.

109. Dies Gedicht ist eine witzige Nachahmung des von Catull auf den Sperling seiner Geliebten verfaßten Gedichtes. *Issa* ist vielleicht eine Kleinkinderaussprache von *ipsa* = sie selbst.

118. Dies ist das letzte Epigramm im 1. Buch. Martial ließ jedes Buch im Durchschnitt 100 Gedichte umfassen.

Zweites Buch

5. Rom besaß keine öffentlichen Verkehrsmittel; Verkehr auf der Achse, mit Ausnahme von Leichenwagen und Baufuhrwerken, war nur nachts gestattet. Wohlhabende ließen sich in Sänften tragen; alle anderen mußten durch das heiße und hüglige Rom zu Fuß gehen. Das Telephon war leider noch nicht erfunden.

12. Begrüßung durch Kuß war (und ist) im Süden auch unter Männern üblich. – Man glaubte, daß gewisse abnorme Sexualgepflogenheiten *(fellatio)* üblen Mundgeruch verursachen.

21. Weil er ein *fellator* ist.

Anmerkungen 135

56. Der Doppelsinn des Wortes *dare* = ‚geben‘ und ‚sich hingeben‘ ist unübersetzbar.

60. Das *puerile supplicium* bestand, wenn der jugendliche Ehebrecher attraktiv war, aus *paedicatio* seitens des Ehemannes, vgl. Apuleius Met. 9, 27 u. 28. – Zur Sache siehe das (außerordentlich seltene) Werk von Friedrich Carl Forberg, Apophoreta, Coburg 1824 (verbunden mit seiner Ausgabe des Hermaphroditus von Antonio Beccadelli [Antonius Panormita]). – Domitian verbot das Kastrieren von Sklaven.

90. Quintilian (35–95), der große Lehrer der Rhetorik, ebenfalls ein Spanier, war der erste vom Staat besoldete Professor; Domitian verlieh ihm den Rang eines Konsuls. Sein Handbuch für den Redner enthält noch heute zutreffende Lehren über Erziehung sowie eine wertvolle Kritik der alten Literatur.

91/92. Zum Dreikinderrecht siehe Fußnote 2 zur Einführung S. 8.

Drittes Buch

1. Ein Teil von Gallia Cisalpina (im heutigen Norditalien) hieß ‚Gallia togata‘. – Da Martial zu Beginn seines dritten Buches nur ein früheres erwähnt, ist anzunehmen, daß Buch I und II zusammen in einem Band erschienen.

4. Wie so viele Gedichte Martials kann auch dieses kaum wörtlich übersetzt werden. – Die Via Aemilia führte von Ariminum (Rimini) nach Placentia (Piacenza) und nach Gallia togata (siehe vorige Anmerkung), wo die Stadt Forum Cornelii (Imola) lag. – Vers 6 lautet wörtlich: Weil er den Ekel der eitlen Toga nicht ertragen konnte. Gemeint ist, daß der Klient seinem Gönner in der teuren, heißen und unbequemen Toga frühmorgens aufwarten und ihm auch andere Dienste leisten mußte. – V. 8: Musikanten verdienten mehr als Dichter (wie heute). Vgl. auch 5, 56.

5. Dieses Gelegenheitsgedicht ist weniger elegant als viele andere Werke Martials: die versifizierte Adressenangabe sowie die auch im Original stehende Wiederholung des Verbs ‚bewohnt‘ in derselben Zeile ist ebenso unpoetisch wie die Wendung *est illi coniunx* oder der etwas platte Vers 10. Trotzdem zeigt es echtes freundschaftliches Gefühl.

Anmerkungen

10. Weil er jetzt schnellstens alles durchbringen wird.

11. Ein gewisser Quintus fühlte sich offenbar durch das Epigramm 8 beleidigt. Martial legt dar, daß dazu nur Grund bestünde, wenn seine Geliebte einäugig wäre und bzw. oder einen ähnlich wie ‚Thaïs‘ klingenden Namen hätte: sie heißt aber Hermione. Großmütig bietet er an, den Namen ‚Quintus‘ in ‚Sextus‘ zu verändern. – Vielleicht liegt hierin aber auch noch eine kleine boshafte Zweideutigkeit, denn es könnte auch heißen, „schon der Sechste hat ein Verhältnis mit Thaïs“. Man erinnert sich aus neuerer Zeit an den jugendlichen Duodezfürsten Heinrich XXXII. von . . ., der, von einer schönen Schauspielerin in die Liebe eingeweiht, verzückt ausrief: „Adele, meine Erste und Einzige!“ Sie soll geantwortet haben: „Heinrich, mein Zweiunddreißigster!“

12. Man parfümierte sich beim Gastmahl: die Basis des Parfüms war nicht wie heute Alkohol, sondern Fett. Leichen wurden ebenfalls mit wohlriechenden Salben eingerieben. – Die ersten zwei Zeilen reimen sich auch im Original: . . . *bonum dedisti* / . . . *nihil scidisti.*

13. Die Lesart dieses Gedichts ist äußerst umstritten; manche Handschriften haben in Vers 1 ‚Hasen‘ und ‚Barsche‘ (*leporem* und *mullos* statt *pisces* und *pullos*). In Vers 2 gebe ich Heinsius’ *putri* den Vorzug vor dem wenig sinnvollen *patri*. – Der Doppelsinn des Wortes *crudus* ist in der Übersetzung kaum herauszubringen: es bedeutet nicht nur ‚roh‘ im wörtlichen und übertragenen Sinne wie im Deutschen, sondern auch ‚mit unverdauter Speise im Magen‘; der letzte Satz bedeutet daher auch: „Auf diese Weise (nämlich wenn nichts angeschnitten wird) werde ich mir nie den Magen überladen.“

26. Porzellan kannten die Römer natürlich nicht. Kostbares Geschirr (*murrhina*) wurde aus einem nicht mit Sicherheit identifizierten Mineral *murra* oder *murrha* (Flußspat?) hergestellt.

33. Horaz (Carm. 2, 4) verspottet mit sanftem Humor einen Freund, der sich in seine Dienstmagd (also eine Sklavin) verliebt hat. Sie könnte ja eine Prinzessin sein.

34. Chione, ein häufiger Hetärenname, bedeutet ‚schneeweiß‘.

35. Martial gebraucht den Ausdruck *ars Phidiaca*, doch bezeichnet dieses nicht notwendigerweise ein von Phidias stammendes Werk, sondern wird als generischer Ausdruck für Skulptur und getriebene Arbeit (Relief) verwendet.

Anmerkungen

137

36. Die typischen Dienstleistungen des Klienten. Meine verschlissene Toga: weil ihm der reiche Gönner keine neue geschenkt hat. – 4 Uhr war sehr spät: man stand um 6 Uhr auf (der Klient schon früher zur Morgenaufwartung, ‚Lever‘) und ging am Frühnachmittag ins Bad, um dann um 3 Uhr die Hauptmahlzeit einzunehmen. – Pensioniert: das Original hat *rudis*, das hölzerne Schwert, das ausgedienten Gladiatoren und Soldaten verliehen wurde.

38. Den Gedanken, daß es ein anständiger Mensch in Rom zu nichts bringen kann, hat Juvenal in seiner dritten Satire detailliert ausgeführt. – Drei Kammern: eigentlich die drei *fora*, nämlich das alte Forum Romanum, das Forum des Julius Caesar und das des Augustus. Prozesse wurden im Forum verhandelt, daher der Ausdruck ‚forensisch‘.

44. Alle Gebildeten dichteten damals – die meisten mehr schlecht als recht, wie die Verse des jüngeren Plinius beweisen. Juvenal, der sich auch am Anfang seiner 1. Satire mit diesem Thema befaßt, prägte den Ausdruck ‚*cacoethes scribendi*‘ = krankhafte Schreibsucht. Da in der Antike alle Gedichte (und auch Prosawerke), wie es sich gehört, laut vorgetragen wurden, mußten Gäste oft Vorlesungen des Gastgebers oder seiner Protegés über sich ergehen lassen. Immerhin war dies ein gutes Zeugnis für die Freude an Literatur und Beherrschung der Sprache, die jener Epoche ebenso zu eigen war, wie sie der unsrigen fehlt.

52. Hauseinstürze und -brände waren in Rom häufig – vor und nach Nero. Wie auch aus Juvenal 3, 212 ff., besonders 322, ersichtlich, machten beflissene ‚Freunde‘ aus erbschleicherischen Motiven solche Schäden wieder gut. Versicherung im heutigen Sinne war im Altertum natürlich unbekannt; dies erklärt die hohen Zinssätze bei Seedarlehen u. ä.

60. Die *sportula*, ursprünglich ein Körbchen, in dem der Klient Speisen zum Mitnehmen bekam, wurde durch eine kleine Geldsumme (100 *quadrantes*) abgelöst; Juvenal beschreibt in seiner 1. Satire die entwürdigende Art, in dieser Betrag frühmorgens durch den Haushofmeister ausgezahlt wurde. Domitian verfügte, daß statt dessen der Klient zum Abendessen einzuladen sei. Auch Juvenal beschreibt, wie taktlose oder geizige Gastgeber bessere Speisen und Weine zu sich nahmen, als sie ihren Gästen vorsetzten.

63. Ägypten, insbesondere Alexandrien, und Cadiz waren für ihre Leichtlebigkeit bekannt. – V. 10: ‚schreckt zurück‘, weil eine Berührung

138 *Anmerkungen*

die kunstvoll geordneten Falten seines Gewandes in Unordnung bringen könnte. – Hirpinus: Name eines berühmten Rennpferdes. – Zu einer Zeit, da es noch keine Zeitungen mit ihren Gesellschafts- bzw. Klatschkolumnen gab, erfüllte also der *bellus homo* diese Rolle.

68. V. 7 ff.: gemeint ist der phallische Gott Priapus, der dem Feld- und Gartenfrevler sexuelle Bestrafung androhte. Nach ihm sind die Priapeen benannt – die witzig-obszönen ,Frau-Wirtin-Verse' der Antike.

86. ,Farce' gibt das Wort ,mimus' wieder – höchst unanständige und daher sehr beliebte Theaterstücke.

Viertes Buch

5. Dasselbe Thema wie in 3, 38: ein anständiger Mensch hat in Rom keine Aussichten. Heute würden wir fragen: „Warum nicht arbeiten?" Aber außer den in 3, 38 zitierten Berufen war keiner für einen Gentleman schicklich. – Philomel war ein berühmter Sänger.

7. Wie oft in der griechischen Dichtung erwähnt (Anthologia Palatina, Stratons *musa puerilis*), wurden homoerotische Beziehungen meist beendet, wenn sich Bartwuchs und Körperbehaarung einstellten.

8. Der Tag und die Stundenzählung begann um 6 Uhr morgens. Die ,Morgenvisiten' sind die obligaten Klientenbesuche, über die Martial und Juvenal klagen: gab es doch in Rom keine öffentlichen Beförderungsmittel, so daß der Klient in der Siebenhügelstadt oft beträchtliche Strecken zurücklegen mußte – noch dazu in der teuren und unbequemen Toga. Prozesse begannen im Forum um 9 Uhr; natürlich nahmen sie oft viele Stunden oder (wenn vertagt) Tage in Anspruch. Die Siesta, auch heute im Süden zu empfehlen, nahm ein bis zwei Stunden in Anspruch. Vorher, etwa zwischen 11 und 12 Uhr, wurde das hier von Martial nicht erwähnte Mittagsmahl *(prandium)* eingenommen, eine leichte Mahlzeit, da ja nach vorausgehendem Bade, dessen Benutzung mit vollem Magen man vermied, um 3 Uhr die Hauptmahlzeit *(cena)* begann. Domitian, an dessen Haushofmeister dieses Gedicht gerichtet ist, speiste offenbar eine Stunde später; da sich der Kaiser als ,Gott' anreden ließ, müssen seine Speisen und Getränke natürlich als Ambrosia und Nektar bezeichnet werden. – Thalia ist die Muse des Epigramms, die sich dem mit Staatsgeschäften überlasteten Kaiser erst beim Bankett zu nähern wagt.

Anmerkungen 139

12. D. h., sie gibt sich zu jeder Perversion her.

32. Die von Phaëtons Schwestern über seinen Tod vergossenen Tränen sollen sich in Bernstein verwandelt haben. Den in der Griechischen Anthologie sehr beliebten Vorwurf (im Bernstein eingeschlossene Tiere) hat auch Martial mehrmals behandelt: 4, 59 und 6, 15 (Schlange bzw. Ameise, nicht in unserer Auswahl übersetzt). – Obgleich der beste Bernstein an der Ostsee gefunden wird, hat man neuerdings festgestellt, daß dieses fossile Harz auch in Rumänien und Sizilien (wie auch in außereuropäischen Ländern) vorkommt. Dadurch sind manche an die Existenz einer prähistorischen ‚Bernsteinstraße' (von der Ostsee zum Mittelmeer) geknüpfte Schlußfolgerungen erschüttert worden.

44. Dies Gedicht wurde neun Jahre nach dem verhängnisvollen Vesuvausbruch des Jahres 79 verfaßt, wobei der ältere Plinius den Tod fand. Vorher waren die Hänge bepflanzt, und die vulkanische Wärme ließ guten Wein gedeihen. – Venus war die Schutzgöttin Pompejis; Herkules bezieht sich auf Herculaneum. – Nysa ist der Name einer Anzahl orientalischer, dem Dionysus (Bacchus) heiliger Städte; sein Kult kam ja ziemlich spät nach Griechenland, und sein Name bedeutet ‚Gott von Nysa'.

49. Über die unaufhörliche Behandlung derselben abgedroschenen mythologischen Stoffe beklagt sich auch Juvenal: schon viel früher hatte Callimachus „ein großes Buch [als] ein großes Übel" bezeichnet. Wahrscheinlich liegt auch hier eine boshafte Bemerkung gegen Statius vor, von dessen Thebais damals schon einige Bücher vollendet und wie üblich vorgetragen waren. Übrigens soll man Statius, der wie alle lateinischen Epiker dem Vergleich mit Vergil ausgesetzt war, durchaus nicht unterschätzen.

63. Über Caerellia ist weiter nichts bekannt. – Nero hatte versucht, seine Mutter Agrippina auf derselben Strecke in einem zum Sinken gebrachten Schiff zu ertränken; sie rettete sich durch Schwimmen, wurde aber kurz darauf doch umgebracht.

72. Von dem Aberglauben, daß dem Verfasser Freiexemplare in unbeschränkter Zahl zur Verfügung stehen, kann noch heute jeder Schriftsteller ein Lied singen.

89. Die Papyrusrolle, aus zusammengeklebten Blättern bestehend, war um einen Stab gewunden. Zum antiken Buchwesen (über das

140 *Anmerkungen*

wir in mancher Hinsicht nicht völlig unterrichtet sind) ziehe man ein-
schlägige Werke zu Rate, insbesondere Theodor Birt, *Das antike Buch-
wesen*, dem andere Gelehrte allerdings teilweise widersprechen. – Oft
beendet Martial ein Gedicht mit Versen, die den Anfangsversen glei-
chen oder ähneln: hierin ahmt er Catull nach.

Fünftes Buch

13. *Pauper* wird immer wieder zu Unrecht als ‚arm‘ übersetzt; daß
Martial nicht ‚arm‘ war, geht schon daraus hervor, daß er (wahr-
scheinlich von Titus) in den Ritterstand erhoben wurde, was einen
Zensus (zu versteuerndes Vermögen) von 400 000 Sesterzen voraus-
setzte. – Auch Horaz bekennt, wie erfreulich es war, wenn man auf
der Straße mit den Worten *‚hic est‘* auf ihn hinwies. – Der große
Reichtum der Freigelassenen war sprichwörtlich (so bei Seneca und
Petronius); theoretisch war es unter der Würde eines Senators, Ge-
schäfte zu betreiben, aber sie taten es natürlich durch ihre Klienten. –
Syene in Ägypten: zu jener Zeit nahmen die Latifundien überhand.
Wolle von Parma galt als die feinste.

15. Persönliche Beleidigung war nicht nur gesetzlich verboten,
sondern auch, wie schon der Dichter Naevius am eigenen Leibe er-
fuhr, recht riskant. Juvenal äußert in seiner 1. Satire gleichfalls die
Absicht, nicht über noch lebende Zeitgenossen zu schreiben, wurde
aber doch – allerdings ist die Nachricht nicht unbedingt verläßlich –
wegen einer beleidigenden Anspielung auf einen kaiserlichen Favori-
ten verbannt.

34. Aus diesem Gedicht, in dem der Dichter ein Kind seinen ver-
storbenen Eltern empfiehlt, erfahren wir deren Namen. Die stehende
Formel *sit tibi terra levis,* ‚die Erde sei dir leicht‘, ist auf ebenso
elegante wie rührende Weise variiert.

56. Tutilius, Professor der Rhetorik, war Quintilians Schwieger-
vater (siehe Anm. zu 2, 90). Die beiden letztgenannten Gewerbe
waren einträglich, aber wenig angesehen; unter ‚Architekt‘ müssen wir
wohl ‚Bauunternehmer‘ verstehen.

61. Die älteren Formen der Eheschließung, durch die die Frau in
die *manus* (Botmäßigkeit) ihres Mannes überging, wurden in der
Kaiserzeit mehr und mehr durch solche abgelöst, durch die die Frau
formell unter der *manus* ihrer Familie verblieb, de facto aber über

Anmerkungen

ihr eigenes Vermögen verfügen konnte. War ihr Sachwalter (*procurator*) jung und hübsch, so gab dies natürlich Anlaß zu Gerede. – Aufidius von Chios wird auch bei Juvenal (9, 25) als Rechtsgelehrter und zugleich notorischer Ehebrecher erwähnt. – In der Posse spielte der berühmte Schauspieler Latinus den Liebhaber, während Panniculus den betrogenen Ehemann, Stupidus, darstellte, der von jenem geohrfeigt wurde.

76. Mithridates (diese Form ist gebräuchlicher, Mithradates ist korrekter), auch Mithridates VI. oder Mithridates Eupator, König von Pontus, 132–69 v. Chr., war der große Feind Roms, das er oft besiegte. Als er schließlich Selbstmord durch Gift begehen wollte, versagte dieses, so daß er einem seiner Soldaten befehlen mußte, ihn niederzustoßen.

81. Vergleiche Heine: Bist du reich, so wirst du bald / noch viel mehr dazu bekommen. / Bist du arm, so wird dir bald / auch das wenige genommen . . .

83. Sonderbarerweise betrachtet Friedländer Dindymus als den Namen eines Eunuchen (nach Dindyma, dem von Eunuchen verwalteten Heiligtum der Cybele in Cyzicus). In der Tat gebraucht Martial Dindymus einmal (11, 81) als den Namen eines Eunuchen, aber an mehreren anderen Stellen für einen *exoletus* (Lustknaben), und hier kann es sich angesichts der am Anfang des Gedichts angedeuteten Aggressivität des Genannten doch wohl kaum um einen Eunuchen handeln. Wahrscheinlicher ist, daß der Name die kleinasiatische Abstammung des jungen Sklaven ausdrückt.

Sechstes Buch

1. Siehe Anm. zu 1, 15.

34. Diadumenos: ein von Martial öfter für einen schönen Knaben verwendeter Name, abgeleitet von der berühmten Statue des Polykletos, die den Kanon der Ephebenschönheit darstellte. – Martial spielt auf Catulls berühmte Kußgedichte an (5 und 7). – Daß er sogar dieses Sujet benutzen kann, um Domitian zu schmeicheln, zeugt von außerordentlicher Geschicklichkeit.

35. Die dem Advokaten zugeteilte Zeit wurde mittels Wasseruhren gemessen. Eine solche (*klepsydra*) bestand aus einem Bronzegefäß, aus

142 **Anmerkungen**

dem durch einen Hahn Wasser abtropfte. Einer Stelle in den Briefen des jüngeren Plinius können wir entnehmen, daß sechzehn Wasseruhren ungefähr fünf Stunden Redezeit entsprachen: er rühmt sich einer solchen Dauerrede! (Ep. 2, 11, 14.)

39. Liebschaften ehrbarer Matronen mit Sklaven waren wohl kaum weniger häufig als ähnliche Verhältnisse ihrer Männer. Bei Petronius rühmt sich Trimalchio, sowohl seinem Herrn wie auch seiner Herrin zu Willen gewesen zu sein, und wiederholt den auch von Seneca formulierten Satz, daß dem Sklaven, da er auf Befehl handelt, Unmoral nicht vorgeworfen werden könne. – Rechtlich gesehen, konnten Sklaven keine gültige Ehe schließen, und von Sklaven erzeugte Kinder waren nicht *liberi* – was sowohl ‚Kinder‘ wie ‚Freigeborene‘ bedeutet.

44. Das Zutrinken *(propinare)* erfolgte aus demselben Glas; Martial spielt auf gewisse Sexualpraktiken an, die vermeintlich ein *os impurum* (unreinen Mund) hinterließen.

48. Im Gastmahl des Trimalchio schildert Petronius auf amüsante Weise, wie selbst gebildete Gäste die albernen Witzeleien des Emporkömmlings mit Beifall belohnen.

60. Aus dem ersten Vers scheint hervorzugehen – Beweise haben wir nicht –, daß mindestens einige Gedichte Martials in Musik gesetzt wurden. – ‚Taschen‘ hatte der Römer nicht, sondern die Falte in der Toga, *sinus* genannt und häufig (aber unzeitgemäß) mit ‚Busen‘ übersetzt. Ob der Neidische der Dichter Statius war, wissen wir gleichfalls nicht genau; Martial hatte auch andere literarische Widersacher.

65. Der Hexameter war im allgemeinen der für epische Gedichte benützte Vers, während für das Epigramm, abgesehen von Hinkjambus, Elfsilbler usw., hauptsächlich das ‚elegische‘ Distichon gebräuchlich war, d. h. der aus Hexameter und Pentameter bestehende Zweizeiler oder eine kurze Reihe davon. Martial hat nur wenige ganz aus Hexametern bestehende Gedichte geschrieben, u. a. auch Epigramme, die nur aus einem einzigen Hexameter bestehen (ganz selten). Im Altertum wurde an der Form jedes Genres streng festgehalten; dennoch war es schon damals nicht immer möglich, zwischen einem längeren, in Distichen abgefaßten Epigramm und einer kurzen, im selben Versmaß gehaltenen Elegie zu unterscheiden.

68. Der junge Eutychus war offenbar auch Sekretär des Castricus. Alexis: der von Vergil in einer Ekloge besungene schöne Knabe,

Anmerkungen 143

dessen Name angeblich Alexander war und den er von Maecenas zum Geschenk erhalten haben soll. – Der Lucrinersee (der 1538 nach einem Erdbeben verschwand) wird von Martial als die Örtlichkeit angenommen, wo sich die Nymphe Salmacis mit ihrem geliebten Knaben zu *einem* Wesen verband, das die Merkmale beider Geschlechter vereinigt; eigentlich spielt die Sage in Karien. Hylas, der Liebling des Herkules, fand gleichfalls den Tod durch Ertrinken.

88. Die Anredeform *dominus*, ursprünglich nur von Sklaven gebraucht, begann sich zu dieser Zeit allgemein durchzusetzen; der Klient, der sie bei der Morgenvisite unterließ, erhielt nicht die aus 100 *quadrantes* (25 Asse) bestehende Sportel. Der Witz liegt darin, daß sich der Klient, wie es auch ein Sklave tun konnte, seine Freiheit ‚erkauft‘ hat, und zwar um einen ganz geringfügigen Betrag (Erwachsene bezahlten 1 As = 4 *quadrantes* im öffentlichen Bad).

Siebentes Buch

4. Bis ins 19. Jahrhundert glaubte man, daß die ‚interessante Blässe‘ allein schon zum Dichter befähigte.

5. Im Dezember 92 war Domitians Rückkehr aus dem Sarmatenkrieg bereits angekündigt.

21. Gerichtet an Polla Argentaria, die Witwe Lukans, der, in die Pisonische Verschwörung (i. J. 65) verwickelt, von Nero zum Selbstmord gezwungen wurde. Der Dichter Lukan, ein Neffe Senecas, gehörte der Familie der Annaei an, die Martials erste Gönner in Rom waren.

26. Domitius Apollinaris, auf dessen Urteil der Dichter großen Wert legte. – Scazon: Choliambus oder Hinkjambus.

39. Gicht wurde behandelt mit Colchicum, das noch heute gebraucht wird. Hippokrates beschreibt den Gichtanfall – eine der schmerzhaftesten Krankheiten; Plinius d. J. berichtet, daß ein daran leidender Adliger durch Hungern sein Leben freiwillig beendete.

46. Sein Gönner wartet mit der Übersendung eines Geschenks, bis er ein dazu passendes Gedicht vollendet hat.

53. Zu den Saturnalien, der Wintersonnenwende, tauschte man Geschenke aus. Laletanischer Wein, aus Spanien, war nicht besonders gut.

Anmerkungen

61. Die an sich schon engen Straßen Roms waren durch Ladenauslagen verstellt; damals wie heute vollzogen sich im Süden die meisten Lebensäußerungen im Freien. – Domitian, selber kein Stratege, war klug genug, die Kriegführung erprobten Generälen zu überlassen, wurde aber gern als ‚Germanicus‘ angeredet. – Das von Martial erwähnte Edikt ist wohl im Herbst oder Winter 92 ergangen; wie lange es wirksam blieb, wissen wir nicht.

76. Philomusus: der Dichter selbst?

88. Vienna ist natürlich nicht Wien (Vindobonum), sondern die Hauptstadt der Allobroger (heute Vienne). Als Lektüre für Knaben war und ist Martial allerdings ungeeignet, doch haben es Jugendliche sicher schon damals verstanden, sich verbotene Bücher zu verschaffen. – Lausus: siehe 7, 81; wenn der Band mindestens ebenso viele gute als von Lausus als schlecht kritisierte Gedichte enthält, ist sein Erfolg gesichert.

98. Eines der ganz seltenen einzeiligen Epigramme Martials.

Achtes Buch

3. Marcus Valerius Corvinus Messalla: Gönner Tibulls und anderer Dichter unter Augustus. – Licinius war ein überaus reicher Freigelassener des Augustus. – Die neunte der Schwestern: die Muse Thalia. Der „epische Vers“ war der Hexameter. Vielleicht zielt Martial hier auf Statius, den er nicht leiden konnte, denn obwohl sie in denselben Kreisen verkehrten, erwähnt er ihn niemals. – Vor dem Los, ‚Klassiker‘ und damit Schullektüre zu werden, hatte es schon Horaz gegraut; daß Martial es nicht wurde, wird dem Leser verständlich sein. – Die stolze Gewißheit des Nachruhms, wie sie auch Horaz, Ovid u. a. zum Ausdruck brachten, hat sich erfüllt; es mag natürlich vorgekommen sein, daß mindere Dichter ebenfalls diese Hoffnung äußerten, ihre Werke aber in Vergessenheit gerieten. – Auch aus anderen Quellen wissen wir, daß nicht nur Knaben, sondern auch Mädchen in die Schule gingen. Besonders interessant an diesem Gedicht ist die Tatsache, daß sich der Dichter offen als Gesellschaftskritiker betrachtet.

13. Man hielt sich Idioten zur Belustigung. Martial macht nicht nur eine Mängelrüge geltend, sondern deutet auch an, daß in diesem Fall der Käufer der Narr war.

Anmerkungen

23. Bauer: Übersetzung des ‚redenden Namens‘ *Rusticus*.

31. Zum Dreikinderrecht siehe Fußnote 2 zur Einführung S. 8.

43. Scherzhafte Gleichsetzung mit Gladiatoren: bei Massenkämpfen wurden die Überlebenden einander gegenübergestellt, bis zum Schluß ein Paar für den Entscheidungskampf übrigblieb.

55. Vers 5 ist ein berühmtes Zitat: *Sint Maecenates, non deerunt, Flacce, Marones.* – Das „arme Cremona“ wurde ebenso wie Vergils väterliches Erbgut zu Andes bei Mantua von Octavians Veteranen enteignet, doch wurde ihm der Verlust zurückerstattet. – Der Hirte Tityrus erscheint u. a. in Vergils erster Ekloge. – Der etruskische Ritter ist Maecenas. – Über Alexis siehe Anm. zu 6, 68. – Galatea und Thestylis waren ländliche Schönheiten. – „Die Mücke“ *(culex)* wird als ein Jugendwerk des Dichters betrachtet. – Varius war Vergils Testamentsvollstrecker und führte auf Befehl des Augustus (und zum Segen der Nachwelt) Vergils Auftrag, die unfertige Aeneis zu vernichten, nicht aus. – Domitius Marsus, von dessen Werk leider nur sehr wenig erhalten ist, war u. a. ein höchst bedeutender Epigrammatiker. – Es fand übrigens unter Domitian, der ein hochgebildeter Mann war, eine gewisse Nachblüte des Augusteischen Zeitalters statt: er stiftete literarische Wettbewerbe und begünstigte Silius Italicus und andere Dichter. Von Tacitus, der *alle* Kaiser haßte, scheint er zu schwarz gemalt, doch war er zu sehr mit innen- und außenpolitischen Problemen in Anspruch genommen.

56. Im Theater und im Zirkus wurden Gutscheine *(congiaria)* ausgeteilt; sie berechtigten zum Bezug von Lebensmitteln oder auch zur Benutzung von Prostituierten.

67. Natürlich ‚schlug‘ es nicht die Stunden, doch ist dieser anachronistische Ausdruck durch Shakespeares Gebrauch (Julius Caesar) vielleicht sanktioniert. – Man stand um 6 Uhr auf; Gerichtsverhandlungen begannen um 9 Uhr. Die Tierhetze nimmt Bezug auf die Floralia-Spiele. Der frühe Gast (die Hauptmahlzeit begann um 3 Uhr) verlangt warmes Wasser zum Händewaschen; Wasser mußte in Eimern aus einem Reservoir *(lacus)* geholt werden. Vgl. 9, 18, worin Martial den Kaiser bittet, eine Wasserleitung vom Aquädukt in sein Haus abzweigen zu dürfen – ein Gesuch, das jedoch vermutlich abgeschlagen wurde.

76. In Lesages Gil Blas ersucht der Bischof den jungen Mann, seine Predigten ganz rückhaltslos zu kritisieren; sobald er aber die

146 *Anmerkungen*

mildeste Kritik äußert, wird er hinausgeworfen. Sam Goldwyn, dem amerikanischen Filmmagnaten, wird der Ausspruch zugeschrieben: „Ich will nicht von lauter Jasagern umgeben sein: wenn einer anderer Meinung ist, soll er mir widersprechen – selbst auf die Gefahr hin, seine Stellung zu verlieren."

Neuntes Buch

7. Domitian, der schon i. J. 82 das in Vers 7 erwähnte Gesetz gegen Kastration erlassen und auch versucht hatte, durch andere Gesetze der Unsittlichkeit Einhalt zu tun, verbot nunmehr den Verkauf von Kindern zu Unzuchtszwecken.

15. D. h., sie hat sie vergiftet. Die Aufschrift *ipse feci* findet sich oft auf Grabmonumenten.

18. Das Gütchen lag bei Nomentum. – Die Pumpe war ein Schwungbalken, an dessen Ende ein Eimer befestigt war. – Marciaquell: die von dem Praetor Marcus Titius angelegte Wasserleitung. Dieses Gesuch um Wasserversorgung seiner beiden Besitzungen (durch Anschluß an den Aquädukt) wurde wahrscheinlich nicht genehmigt; sonst hätten wir sicherlich ein Dankgedicht.

59. Um die zu diesem auch kulturhistorisch höchst interessanten Gedicht erforderlichen Bemerkungen auf das Notwendigste zu beschränken, nur die folgenden: Tische: der Tafelluxus (im wörtlichen Sinn) war außerordentlich, besonders wurden für runde Tischplatten (zur Schonung mit Überzügen versehen) aus edlen Überseehölzern Phantasiepreise gezahlt, eines der teuersten war Citrusholz. Hier sind in alter wie in neuerer Zeit immer wieder Verwechslungen vorgekommen: das griechische Wort *kedros* bezeichnet sowohl die Zeder wie auch den Zitronenbaum; das Citrusholz jedoch, aus dem die kostbaren Tischplatten verfertigt wurden, kam von einem afrikanischen Baum, griech. *thyon* oder *thyïa*, dem orientalischen Lebensbaum (Thuia orientalis L.). Mamurras Behauptung, ein sechssitziges Sofa *(hexaklinon)* sei zu klein für seinen Citrustisch, ist also die Höhe der Protzerei. – Korinthische Bronze: angeblich beim Brande Korinths i. J. 146 durch Zusammenschmelzen von Gold, Silber und Kupfer entstanden (Plinius d. Ä. unterscheidet drei Varietäten), soll einen charakteristischen Geruch gehabt haben. – Becher aus Achat: das schon (3, 26) besprochene *murrha*. – Und trägt sie selbst nach

Anmerkungen

147

Haus: ein Herr trug nicht selber Pakete, so klein sie auch sein mochten.

64. Wenngleich dies Gedicht typisch für die übertriebene Schmeichelei ist, die Domitian verlangte, so kann man sich doch des Eindrucks nicht erwehren, daß Martial diese Art Kriecherei nicht gar zu ernst nahm. Man vergleiche 10, 72, wo er mit ernstem Gesicht dem Kaiser Trajan versichert, unter *seiner* Regierung brauche man dem Herrscher nicht mehr zu schmeicheln – was ja selbst ein guter Witz ist.

67. Aeschylus ist mit dem berühmten griechischen Tragödiendichter nicht identisch: dieser lebte viel früher.

68. Über Reiterstatuen, die sich Anwälte setzen ließen, macht sich auch Juvenal lustig (7, 126 ff.). – Domitian gab den Gladiatoren mit dem großen Schild *(scutum)* den Vorzug; daher Martials Geringschätzung für die Kämpfer mit dem Kleinschild *(parma)*.

78. Picentin wird sie ihren Männern nachschicken.

82. Zwei Millionen, nämlich Sesterzen. Den heutigen Wert der Sesterzen zu bestimmen – besonders in einer ganz anderen Wirtschaftsordnung, bei jährlich sinkender Kaufkraft aller Währungen u. dgl. – erscheint müßig, und die apodiktische Sicherheit, mit der manche Handbücher dies tun, erstaunt uns. Der Leser identifiziert am besten den Sestertius mit seiner Währungseinheit (Mark, Franken, Dollar).

92. Gaius steht generell für einen Freien. Phoebus und Cinnamus sind Wucherer und, dem Namen nach, Freigelassene. – Prügelknecht: große Häuser hielten sich ihren eigenen Prügel- und Folterknecht für unbotmäßige Sklaven. – Zungendienst: Anspielung auf den *cunnilingus.*

97. Im ganzen Gedicht wiederholt die zweite Pentameterhälfte die erste Hälfte des Hexameters *(rumpitur invidia).* Dieser Kunstgriff (Epanalepsis), von Martial noch einmal angewendet, war in der neulateinischen Dichtung des Humanismus recht beliebt.

Zehntes Buch

2. Die Rosse am Grabmal des Crispinus (eines früheren, nicht identisch mit dem gleichnamigen Minister Domitians) sind bereits durch Alter abgewetzt. Schon früher hat der Dichter sein stolzes Selbstgefühl

148 *Anmerkungen*

ausgedrückt (8, 3); hier klingt er noch deutlicher an Horazens *exegi monumentum* wie auch Ovids *iamque opus exegi* (am Ende der Metamorphosen) an.

8. Weil er sie alsbald beerben würde.

20. Dieses an den jüngeren Plinius gerichtete Gedicht (das übrigens starke Verwandtschaft mit Catull 1 aufweist) soll Martial das Reisegeld nach Spanien eingetragen haben (Plin. Ep. 3, 21; vgl. auch Einführung S. 8 f.). Plinius, ein höchst würdiger Herr, war für Schmeichelei – gern ließ er sich mit Cicero vergleichen – nicht unzugänglich; er war ein Philanthrop (so stiftete er z. B. ein Schulsystem in Como); unter Trajan war er Gouverneur von Bithynien. Sein für Veröffentlichung verfaßter Briefwechsel mit vielen Freunden, auch seine Korrespondenz mit Trajan, zeichnen sich durch Eleganz im Stile Ciceros aus. Außer rhetorischen hatte er auch literarische Ambitionen und schrieb leider Gedichte: die davon erhaltenen lassen uns den Verlust der übrigen mit Fassung ertragen. – Orpheus: dessen Statue am *lacus Orphei*, einem mit Mosaiken von wilden Tieren und Vögeln verzierten Wasserleitungsreservoir. – „Schlüpfrig", weil ihn das zur Kühlung auf das Dach des Theaters gegossene – parfümierte – Wasser benetzte. – Hundertmänner: das Centumviralgericht befaßte sich mit Erbschafts- und anderen Zivilprozessen.

21. Modestus und Claranus waren berühmte Professoren der Rhetorik. Helvidius Cinna, ein Freund Caesars, hatte auf dem Weg zu dessen Bestattung das Unglück, mit dem gleichnamigen Verschwörer verwechselt und von dem wütenden Pöbel in Stücke gerissen zu werden. Von seinem Epos Smyrna sind nur Bruchstücke erhalten: es war so obskur, daß der Grammatiker Crasticius einen erläuternden Kommentar dazu schreiben mußte.

27. Sportel: hier das von ihm nach der Mahlzeit an seine Klienten verteilte, ungewöhnlich hohe Geldgeschenk. – Über schwerreiche Freigelassene (der griechische Name verrät, daß es sich um einen solchen handelt) siehe Seneca und Petronius. – Mann von Geburt: *nemo te natum putat* mag eine sprichwörtliche Wendung gewesen sein. So wie ein Sklave nicht eine förmliche Ehe eingehen konnte, hatte er auch im Rechtssinn keine Eltern und galt daher nicht als ,geboren'.

30. In diesem liebenswerten Gedicht mit seiner idyllischen Beschreibung des an der Grenze von Campanien gelegenen Formiae zeigt sich Martial von einer neuen Seite. – Die anderen hier erwähnten Orte

Anmerkungen

149

waren gleichfalls beliebte Ferienplätze. – Gaëta: das alte Caieta, nach der Tradition von den Trojanern gegründet. – Lucrinersee: hierhin verlegt Martial die ursprünglich kleinasiatische Sage von der Nymphe Salmacis, die mit dem geliebten Jüngling Hermaphroditus zu einem (Zwitter-)Wesen zusammenschmolz. – Vom Bett aus: auf ins Meer vorgetriebenen Molen erbaute Villen werden häufig erwähnt. – Fische: die heutigen Namen antiker Fauna und Flora sind nicht immer mit Sicherheit festzustellen; einige Arten mögen sogar ausgestorben sein; auch gibt es nicht immer deutsche Äquivalente für Mittelmeertiere und -pflanzen. Ob ‚Steinbutt‘ oder ‚Glattbutt‘ ist für den Nichtfachmann schließlich unwichtig; wer kennt schon ‚Äsche‘? An anderer Stelle haben wir uns nicht entblödet, *mullus* (Barsch) mit ‚Forelle‘ zu übersetzen. Daß Fische auf Ruf oder Glockensignal heranschwimmen, kann man auch heute beobachten, z. B. im Karpfenteich von Fontainebleau. – Der Namenrufer *(nomenc[u]lator)*, dem wir das Wort Nomenklatur verdanken, mußte alle Freunde, Bekannten, Klienten und Sklaven seines Herrn bei Namen kennen und ihm gegebenenfalls soufflieren.

32. „M. Antonius Primus aus Tolosa, unter Nero verbannt, von Galba zurückgerufen, Parteigänger Vespasians im Krieg mit Vitellius“ (Friedl.). – Der in den zwei letzten Zeilen enthaltene Gedanke wurde in der neulateinischen Dichtung unzählige Male gebraucht und variiert.

33. Sabiner: die schlichte Bescheidenheit der Vorzeit. – Greis von Athen: wahrscheinlich Sokrates, möglicherweise Epikur. – Poet, den man liest: weil von einer Zelebrität in Umlauf gesetzte persönliche Angriffe besonders wirksam wären. – Die letzte Zeile, *parcere personis, dicere de vitiis*, entspricht auch dem Programm Juvenals.

35. Diese mit einem Calenus verheiratete Sulpicia ist natürlich nicht mit der im augusteischen Zeitalter lebenden Dichterin identisch, deren erotische Verse Tibulls Werk angegliedert sind. Diese Sulpicia scheint gleichfalls Liebesgedichte verfaßt zu haben; unter ihrem Namen ist eine sogenannte Satire gegen Domitian (70 Verse) erhalten, doch handelt es sich nicht um eine echte Satire (im heutigen Sinn), und das Gedicht stammt vermutlich aus dem 4. Jh. – Auch hier folgt Martial aufs glücklichste dem Stil Catulls. – Thyestes verzehrte (ohne es zu wissen) das Fleisch seiner von seinem Bruder Atreus erschlagenen Kinder; Scylla verriet ihre Vaterstadt aus Liebe zum Feinde Minos; Byblis entbrannte in blutschänderischer Liebe zu ihrem Bruder (Ovid). Im ‚Barockzeitalter‘ der römischen Literatur wurden solche hoch-

150 *Anmerkungen*

pathetischen Themen *ad nauseam,* bis zum Überdruß, behandelt (Dramen Senecas). – Die Nymphe Egeria pflog mit König Numa vertrauten Umgang und gab ihm u. a. weise Ratschläge: er soll sie geheiratet haben. – Phaon, ein spröder Jüngling, wies Sapphos Liebe zurück.

47. Im Gegensatz zur heutigen Auffassung galt es als anständiger, ein Vermögen *(patrimonium)* vom Vater ererbt, als es durch Geschäfte erworben zu haben: diese Tätigkeit (zwar auch von *equites* ausgeübt) war im allgemeinen dem niederen Stand der Freigelassenen vorbehalten. – Kluge Ehrlichkeit *(prudens simplicitas):* die Diskretion, die im Kaiserreich, zumal unter Domitian, sehr zu empfehlen war.

53. Der berühmte Wagenlenker Flavius Scorpus (der 2048 Siege errang) wird im Gedicht 74 dieses Buches noch als lebend erwähnt; daher muß dieses Gedicht der zweiten Auflage von Buch 10 (siehe 10, 2) eingefügt worden sein. Scorpus starb also – falls dies irgendwen interessiert – zwischen Dezember 96 und dem Sommer d. J. 98.

60. Scherzhafte Anspielung auf das Dreikinderrecht. Vergleiche auch den alten Satz *tres faciunt collegium* (ein Professor und zwei Hörer): heute gilt dies als unwirtschaftlich.

62. Wir besitzen bildliche Darstellungen, auf denen ein von seinen Kameraden übergelegter Knabe vom Lehrer auf der von der Natur dazu bestimmten Erziehungsfläche gezüchtigt wird. – Wegen der meist unerträglichen Sommerhitze Roms machten die Schulen vom 1. Juli bis zum 15. Oktober Ferien, was allerdings für die ohnehin schlechtbezahlten Lehrer einen Verdienstausfall bedeutete. – Die letzte Zeile findet noch heute bei der lateinlernenden Schuljugend fast ausnahmslos Beifall.

65. Haarentferner: Körperhaare wurden durch Auflegen von Pech, an dem sie festklebten, entfernt; auch Bimsstein wurde hierzu verwendet. – Kleines Mädchen: Lindsays Text, den Handschriften folgend, hat *filia,* doch besaß Martial keine Kinder; unter verschiedenen Konjekturen wäre vielleicht Schneidewins *fistula* (Pfeifchen) die beste. – ‚Bruder‘ und ‚Schwester‘ wurden auch als Kosenamen von Liebenden gebraucht.

72. Vgl. 9, 64. Der komische Effekt von Martials Versicherung, daß Schmeichelei wie unter Domitian (der sich als *dominus et deus* anreden ließ) nicht mehr am Platze, ja sogar nicht ungefährlich sei, ist sicherlich nicht unbeabsichtigt.

Anmerkungen 151

74. Bleierne Heller: es wurden zwar im Zirkus bleierne Wertmarken an das Volk verteilt, die gegen Geschenke verschiedenster Art einlösbar waren, doch wurden Münzen (darunter die als Sportel an Klienten verteilten 100 *quadrantes*) niemals aus Blei geprägt. Wahrscheinlich bezeichnet ‚bleirn‘, im Gegensatz zum ‚blinkenden Gold‘, das mühselig und unter Strapazen erworbene Geld. – Scorpus: siehe 10, 53. Auch heute verdienen Athleten mehr als Dichter oder Professoren. – Der Klient mußte schon beim Morgengrauen seine Aufwartung machen; die Nächte waren laut, da Fuhrwerke nur nachts verkehren durften. Auch Juvenal klagt, daß in Rom nur die Reichen schlafen könnten.

84. Ursprünglich war es ungebräuchlich, daß Frauen bei Tisch lagen; zuerst wird dieser Brauch bei Petronius erwähnt (Mitte des ersten nachchristlichen Jahrhunderts).

103. Aus diesem kurz vor seiner Rückkehr in seine Heimatstadt verfaßten Gedicht spricht eine merkwürdige Ambivalenz: werden diese Provinzler, mit denen er seit 34 Jahren keinen Kontakt hatte, ihn zu schätzen wissen? – Die Anspielung auf Verona und Catull zeigt deutlich, daß Martial ihn sich bewußt zum Vorbild genommen hat (im Epigramm hat er ihn weit übertroffen).

104. Über Flavus wissen wir nicht mehr als aus diesem offenbar im letzten Augenblick improvisierten Propemptikon. – Bilbilis lag am Salofluß. – Der fünfte Ausspann: die Benutzung der Staatspost, mit Pferdewechsel an jeder Station, war nur für offizielle Zwecke und Privatpersonen nur mit kaiserlicher Erlaubnis gestattet (siehe Plinius' Briefwechsel mit Trajan), so daß es sich hier wohl um ein Privatfuhrwerk handelt.

Elftes Buch

5. Da Domitian im September 96 ermordet wurde und Buch 11 im Dezember dieses Jahres erschien, ist das Gedicht wohl an Nerva gerichtet (der nur bis zum Jahr 98 regierte). – Wieder einmal handelt der Dichter nach dem Grundsatz, daß Schmeichelei kaum übertrieben werden kann. – Der sagenhafte König Numa Pompilius, Nachfolger des Romulus, galt als Verkörperung altrömischer Tugend; er soll nach dreiundvierzigjähriger Regierung im Jahre 672 gestorben sein (doch sind alle römischen Daten und Geschichtsnachrichten vor 390,

152 Anmerkungen

als die Gallier Rom zerstörten, völlig unzuverlässig). – L. Furius Camillus kehrte aus der Verbannung zurück, um trotz der Undankbarkeit der Römer sie von den Galliern zu befreien. – C. Luscinus Fabricius besiegte sowohl die Samniten wie auch König Pyrrhus; seine Unbestechlichkeit erweckte die Bewunderung seines ritterlichen Gegners. Er starb arm wie eine Tempelmaus, obwohl er die Staatskasse mit ungeheurer Beute bereicherte (da öffentliche Ämter unbesoldet waren). – L. Cornelius Sulla besiegte Marius im Bürgerkrieg und wütete mit unerhörter Grausamkeit durch seine Proskriptionen (das Ächten und Vogelfreierklären politischer Gegner, deren Vermögen dann konfisziert wurde). Auf der Höhe seiner Macht zog er sich zum allgemeinen Erstaunen ins Privatleben zurück (wohl der einzige Diktator, der dies jemals tat) und starb ca. 78 v. Chr. – M. Licinius Crassus, der reichste Mann seiner Zeit, war ein fähiger Politiker und General, Mitglied des Triumvirats mit Caesar und Pompeius; während eines unglücklichen Kriegszugs gegen die Parther wurde er vom Gegner verräterisch ermordet (53 v. Chr.).

15. Buch 11 erschien am Saturnalienfeste „und stellt sich mit seiner selbst bei Martial beispiellosen Frechheit ausdrücklich unter den Schutz der Lizenz der Saturnalien" (Mommsen). – Wiederholung desselben Wortes an aufeinanderfolgenden Versenden (Büchlein) ist eine von Martial oft übernommene Manier Catulls.

16. Im Original ist von Curiern und Fabriciern die Rede, Symbolen altrömischer Tugendstrenge.

35. Die moderne Cocktailparty, zu der man zwecks Abzahlung gesellschaftlicher Verpflichtungen sämtliche Bekannte und Geschäftsfreunde einlädt und sie in überfüllte Räume zwängt, wo Geräusch und mangelnde Bekanntschaft Konversation nicht aufkommen lassen, hat also schon ihre Vorläufer.

39. Der *paedagogus*, ein Sklave, begleitete den Knaben zur Schule und holte ihn ab: er schützte ihn vor unsittlichen Anträgen; er durfte das Kind auch züchtigen. Die hier geschilderte Situation findet sich oft in der römischen Komödie, wo der Sklave (hier ist er allerdings schon freigelassen) Autorität über den jungen Mann aus der Jeunesse dorée besaß oder beanspruchte.

48. Der Dichter Silius Italicus hatte das nahe bei Neapel gelegene und vernachlässigte Grundstück erworben, auf dem sich das Grab Vergils befand, und es wieder instand gesetzt. Das Gut Ciceros **mag**

Anmerkungen

sich auf sein Vaterhaus in Arpinum oder seine Besitzungen bei Tusculum oder Cumae beziehen.

60. Der greise Pelias wurde zwecks magischer Verjüngungskur von seinen Töchtern auf Geheiß Medeas in Stücke geschnitten und gekocht, doch ließ diese die Kur mißlingen. – V. 6: Arzt/Ärztin: das Original hat „Criton" – offenbar ein durch Frauengunst bekannter Arzt – und „Hygia", ein auf eine Ärztin passender Name.

80. Baiae, Luxusbadeort an der Bucht von Neapel. – Über den Catull nachgeahmten Brauch gleichlautenden Versschlusses (im Original schließen von 8 Zeilen 5 mit einer Form von ‚Baiae') siehe auch Anm. zu 11, 15. – Vers 5 wurde von manchen Auslegern erstaunlicherweise auf den Dichter selbst bezogen: er zöge es vor, seinen eigenen Geschäften nachzugehen, statt dem ‚entnervenden Luxus' Baiaes zu frönen. Dann wäre aber (wir übergehen die Frage, ob Luxus notwendigerweise ‚entnervend' ist) das Gedicht sinnlos wie auch arrogant. Viel überzeugender ist es, daß das Gedicht die Annahme einer Einladung nach Baiae darstellt: Flaccus hat außer dem Dichter dessen Freund Julius Martialis (siehe Anm. zu 1, 15) mit eingeladen. – V. 7: der überlieferte Text hat ‚dir' *(tibi)*, das jedoch leicht für das ihm in Abkürzung sehr ähnelnde *tamen* (doch) verschrieben werden konnte (Munro ap. Friedländer).

101. Von der berühmten, aber sehr dünnen Sarah Bernhardt pflegte man zu erzählen: „Eine leere Kutsche fährt vor. Wer steigt aus? Sarah Bernhardt."

102. Die mit Polizeifunktionen betrauten Ädilen mußten, wenn sich *portenta*, unheilverkündende Vorzeichen, ereigneten, gewisse religiöse Bitt- und Bußübungen anordnen.

104. Die ersten Worte *uxor, vade foras* stellten eine der Scheidungsformeln dar. – V. 18: Julia, die Tochter Caesars, war mit Pompeius verheiratet. – Auf welche Autoritäten sich der Dichter hinsichtlich seiner in V. 13–20 enthaltenen Behauptungen stützt, ist unbekannt. – Das Gedicht ist natürlich kein Beweis dafür, daß Martial verheiratet war: fast mit Sicherheit ist anzunehmen, daß er es nicht war.

106. Vibius war ein auch von Statius erwähnter hoher Beamter.

Anmerkungen

Zwölftes Buch

3. Vgl. 8, 55.

8. Nämlich um Tribut zu zahlen. – Die Chinesen (Seres) waren den Römern nur ganz vage als ein fernöstliches Volk bekannt, das Seide produzierte. Diese wurde mehrfach umgeladen, ehe sie in römischen Bereich kam, und direkte Berührung zwischen Römern und Chinesen ist nicht nachzuweisen. Allerdings gibt es eine chinesische bildliche Darstellung ‚barbarischer‘ Truppen, die das typisch römische, sonst unbekannte Schilddach *(testudo)* bilden, und es wurde angenommen (zeitlich könnte es stimmen), daß im Partherkriege gefangengenommene Truppen des Crassus von Persien aus nach China gesandt wurden. – Martials Werben um die Gunst Trajans blieb erfolglos.

17. Dama: typischer Sklavenname. – ‚Fieber‘ war im allgemeinen der Name für Malaria: es wurde sogar personifiziert als ‚Febris‘ verehrt. – Eiswasser: es galt als ganz unmäßig, Wein nicht mit Wasser verdünnt zu trinken; Eiswasser war natürlich ein großer Luxus.

18. V. 3: Hügel Dianas: der Aventin. – V. 24 ff.: Mein Verwalter: er ist also gleichfalls noch fast ein *puer delicatus*; Abschneiden der Locken zeigte das Erreichen des ersten Mannesalters an.

44. Ein nicht weiter bekannter Valerius Unicus, der wie sein Bruder, statt sich auf die hohe See epischer Dichtung zu wagen, erotische Verse schrieb.

47. Zu einer Zeit, da jeder Gebildete auch dichten mußte, gab es außer Plagiatoren, über die sich Martial oft genug beklagt, auch Ghostwriters, deren Produktion der Käufer dann als die seine ausgab.

56. D. h. so, daß er nicht wieder erkranken kann, mit anderen Worten: krepier!

59. Über das Küssen als Begrüßung unter Männern beklagt sich Martial auch in 11, 98. – V. 6 ff.: alles übelriechende Gewerbetreibende, besonders der Gerber, der bekanntlich mit aus den öffentlichen Bedürfnisanstalten entnommenem Urin arbeitete. – V. 8: der Lesart *periculosi*, die keinen rechten Sinn gibt, habe ich *pediculosi* (verlaust) vorgezogen. – Vers 9 ist hoffnungslos verderbt, doch ist der Sinn klar. – V. 10: nämlich *fellator* und *cunnilingus*.

68. Der Dichter, dem das Leisten des Klientendienstes den Aufenthalt in Rom verleidet hatte, wird nun in seiner spanischen Heimat

Anmerkungen

155

von seinen eigenen Klienten frühmorgens begrüßt und um Rechtsbeistand ersucht.

79. Als letztes Wort steht im Text *fellat*.

89. Er versucht, durch einen Verband seine Glatze zu verdecken.

92. D. h., er ist ein Feigling.

94. Dies ist wohl kaum autobiographisch zu nehmen, da Martial keine andere Literaturgattung als das Epigramm gepflegt hat. Den uns merkwürdig erscheinenden Gedanken, daß man sich mit Rücksicht auf einen Freund dessen Literaturgattung fernhalte, hat Martial jedoch wiederholt ausgedrückt.

Dreizehntes Buch

6. *Alica* ist eigentlich der aus der minderen Weizensorte Spelt bereitete Spelttrank. Aus Speltmehl *(ador)* machte man die bei der feierlichen Eheschließung alten Stils *(confarreatio)* benutzten Küchlein (der Ursprung unseres Hochzeitskuchens). Da ,Spelttrank' uns jedoch kein Begriff mehr ist (vielleicht ähnelte er dem russischen Kwaß), haben wir ,Sauerbier' substituiert, woran gleichnamige Leser bitte nicht Anstoß nehmen wollen.

11. D. h., der Maultiertreiber verkaufte das ihm für seine Tiere zugeteilte Futter spottbillig an den Gastwirt.

14. Diese Änderung trat erst nach Augustus ein, vgl. Vergils Moretum.

34. Sie galten nämlich als Aphrodisiakum.

46. Lesart der Überschrift ist unsicher. Es mag sich um Pfirsiche handeln, die durch Aufpfropfen auf Aprikosenzweige gezüchtet wurden.

48. Entweder weil sie sich nicht halten, oder weil sich der Besitzer ungern von ihnen trennt. Diese Pilze *(boletus edulis)* wurden außerordentlich hoch geschätzt und bezahlt.

74. Domitian, der sich als *dominus et deus*, etwa: Göttliche Majestät, anreden ließ, erbaute i. J. 82 einen prächtigen Tempel auf dem Kapitol.

156 *Anmerkungen*

77. Der ‚Schwanengesang‘ ist natürlich ein Aberglauben. Man beachte, daß der Geschmack des (oft bei Prunkmählern servierten) Vogels hier nicht empfohlen wird: sein Fleisch ist zu zäh.

117. Mamertiner: sizilianischer Wein, insbesondere aus der Gegend von Messina. Dieser Wein könne, wenn er alt genug sei, den Namen auch der besten Provenienzen tragen.

Vierzehntes Buch

8. Vielleicht nach dem Hersteller benannt.

24. Feucht von Parfümbalsam.

28. Bei Wind konnte man die gegen die Sonne schützenden Planen (vela) im Theater und Zirkus nicht aufspannen.

87. Das griechische Sigma wurde in Großschrift, wie das kyrillische S, in der Form C geschrieben, und nicht in der uns geläufigeren Form Σ.

194. Der Dichter Lucanus, von Nero i. J. 65 zur Selbstentleibung gezwungen, hatte ein nahezu zeitgenössisches Thema, den Bürgerkrieg zwischen Caesar und Pompeius, behandelt, noch dazu unter Weglassung des im Epos gebräuchlichen mythologischen Apparates. Er wurde daher von mancher Seite – auch von seinem Zeitgenossen Petronius – getadelt; man sagte, dies sei eher Geschichtsschreibung als Epos zu nennen.

208. Wenn ein antiker Schriftsteller ‚schrieb‘, diktierte er meistens einem Sklaven mit Spezialausbildung. Ciceros Sklave, Privatsekretär und Freund Tiro erfand (wahrscheinlich aus Notwehr) eine Kurzschrift, die sogenannten tironischen Noten.

INHALT

Einführung 5

Liber spectaculorum

5/6 Der Stier und das Weib – *Iunctam Pasiphaën/Belliger invictis* 15
8 Flügellos – *Daedale, Lucano* 15
10 Der bestrafte Löwe – *Laeserat ingrato leo perfidus* . . 15
12 Leben aus Tod – *Inter Caesareae discrimina* 16
16 Die Himmelfahrt – *Raptus abît media* 16
17 Der fromme Elefant – *Quod pius et supplex elephas* . . 16
29 Unentschieden – *Cum traheret Priscus* 16

Erstes Buch

1 Ruhm des Dichters – *Hic est quem legis ille* 18
2 Der erste Reclamband – *Qui tecum cupis esse* 18
8 Zu Lebzeiten – *Quod magni Thraseae* 18
9 Der Playboy – *Bellus homo et magnus vis* 19
10 Ihr einziger Reiz – der Hustenreiz – *Petit Gemellus* . . 19
13 Heldenmut – *Casta suo gladium cum traderet* 19
15 Carpe diem! – *O mihi post nullos, Iuli* 19
16 Gemischt – *Sunt bona, sunt quaedam mediocria* . . . 20
18 Gepanscht – *Quid te, Tucca, iuvat* 20
19 Die Zahnlose – *Si memini, fuerant tibi quattuor* . . . 20
20 Der Fresser – *Dic mihi, quis furor est?* 21
24 Der Heuchler – *Aspicis incomptis illum, Deciane* . . . 21
28 Im Suff – *Hesterno fetere mero* 21
29 Der Plagiator – *Fama refert* 21
30 Der Kliniker – *Chirurgus fuerat* 22
32 Antipathie – *Non amo te, Sabidi* 22
33 Aufrichtige Trauer – *Amissum non flet* 22
34 Die Exhibitionistin – *Incustoditis et apertis* 22
35 Wider den tierischen Ernst – *Versus scribere me parum severos* 23
36 Bruderliebe – *Si, Lucane, tibi vel si tibi, Tulle* 23
38 Die eigene Note – *Quem recitas meus est* 24

Inhalt

40 Ein Kritiker – *Qui ducis vultus* 24
41 Kein Humorist – *Urbanus tibi, Caecili* 24
46 Gut Ding will Weile haben – *Cum dicis „Propero"* . . 25
54 Der neue Freund – *Si quid, Fusce, vacas* 25
57 Sein Geschmack – *Qualem, Flacce, velim quaeris* . . . 25
61 Ruhm in der Heimat – *Verona docti syllabas amat* . . 26
63 Vorsicht – *Ut recitem tibi* 26
71 Der Trinkspruch – *Laevia sex cyathis* 26
73 Verbotene Frucht – *Nullus in urbe fuit tota* 27
74 Der Beweis – *Moechus erat: poteras* 27
75 Vorteilhafter – *Dimidium donare Lino* 27
79 Der G'schaftlhuber – *Semper agis causas* 27
84 Eigenproduktion – *Uxorem habendam* 28
91 Der Rezensent – *Cum tua non edas* 28
98 Gicht – *Litigat et podagra* 28
107 Mäzen gesucht – *Saepe mihi dicis* 28
109 Das herzige Hunderl – *Issa est passere nequior Catulli* 29
110 Kurzgefaßt – *Scribere me quereris* 29
117 Der Nassauer – *Occurris quotiens* 30
118 Genug ist genug – *Cui legisse satis non est* 30

Zweites Buch

5 Zu weit – *Ne valeam* 31
7 Hans in allen Gassen – *Declamas belle, causas agis* . . 31
12 Verdächtig – *Esse quid hoc dicam* 32
13 Zahlen ist besser – *Et iudex petit* 32
20 Ganz legal – *Carmina Paulus emit* 32
21 Mundgeruch – *Basia das aliis* 32
25 Der Flirt – *Das numquam* 32
31 Mündlich – *Saepe ego Chrestinam futui* 33
38 Freuden des Landlebens – *Quid mihi reddat ager* . . 33
55 Der Hochmütige – *Vis te, Sexte, coli* 33
56 Generös – *Gentibus in Libycis* 33
57 Der Schein trügt – *Hic quem videtis* 34
60 Vorsicht, nicht Rücksicht – *Uxorem armati futuis* . . 34
65 Schade! – *Cur tristiorem cernimus* 34
78 Schlecht geheizt – *Aestivo serves* 35
80 Paradox – *Hostem cum fugeret* 35
88 Lieder ohne Worte – *Nil recitas et vis* 35

Inhalt
159

90 An Quintilian – *Quintiliane, vagae* 35
91 Petition – *Rerum certa salus* 36
92 Erfolg – *Natorum mihi ius trium* 36

Drittes Buch

1 An den Leser, zur Einleitung – *Hoc tibi quidquid id est* . . 37
4 Die Nase voll – *Romam vade, liber* 37
5 Empfehlung – *Vis commendari* 37
6 Liebe ist blind – *Thaïda Quintus amat* 38
9 Unter Ausschluß der Öffentlichkeit – *Versiculos in me narratur* 38
10 Verschwender auf Raten – *Constituit, Philomuse* 38
11 Verwechslung – *Si tua nec Thaïs* 39
12 Einbalsamiert, doch nicht diniert – *Unguentum, fateor* . . 39
13 Unverdaulich – *Dum non vis pisces* 39
26 Monopol – *Praedia solus habes* 40
33 Die Hand, die wochentags den Besen führt . . . – *Ingenuam malo* 40
34 Schneewittchen – *Digna tuo cur sis* 40
35 Ein Kunstwerk – *Artis Phidiacae* 40
36 Rekrutendienst – *Quod novus et nuper factus* 41
38 Mit Gold gepflastert? – *Quae te causa trahit* 41
41 Großartig – *Mutua quod nobis* 42
43 Eitles Bemühen – *Mentiris iuvenem tinctis* 42
44 Furor poeticus – *Occurrit tibi nemo* 42
46 Der Stellvertreter – *Exigis a nobis operam* 43
51 Verborgene Mängel – *Cum faciem laudo* 44
52 Versicherungsbetrug? – *Empta domus fuerat* 44
53 Überflüssig – *Et voltu poteram* 44
60 Der Gast – *Cum vocer ad cenam* 44
61 Nichts – *Esse nihil dicis* 45
63 Der Dandy – *Cotile, bellus homo es* 45
68 Warnung an die Damen – *Huc est usque tibi* 46
69 Milchsuppe – *Omnia quod scribis* 46
70 Verbotene Frucht – *Moechus es Aufidiae* 47
76 Der Antiquar – *Arrigis ad vetulas* 47
79 Der Anfänger – *Rem peragit nullam* 47
86 Erneute Warnung – *Ne legeres partem* 48
90 Donna è mobile . . . – *Volt, non volt dare* 48

160 *Inhalt*

Viertes Buch

5 Aussichtslos – *Vir bonus et pauper* 49
7 Der Grausame – *Cur, here quod dederas* 49
8 Tageseinteilung – *Prima salutantes* 50
12 Die Gefällige – *Nulli, Thaï, negas* 50
15 Pumpversuch – *Mille tibi nummos* 50
21 Der Atheist – *Nullos esse deos* 51
24 Frommer Wunsch – *Omnes quas habuit* 51
32 Die Biene im Bernstein – *Et latet et lucet* . . . 51
38 Die Kokette – *Galla, nega* 51
41 Ohrenschutz – *Quid recitaturus circumdas* 51
44 Nach dem Vesuvausbruch – *Hic est pampineis* . . . 52
48 Vorher und nachher – *Percidi gaudes* 52
49 Wer wird nicht einen Klopstock loben . . . –
   Nescit, crede mihi, quid sint 52
56 Der Erbschleicher – *Munera quod senibus* 53
63 Ein Unfall – *Dum petit a Baulis* 53
69 Lieber nicht – *Tu Setina quidem semper* 53
72 Freiexemplare – *Exigis ut donem* 54
77 Der Neidling – *Numquam divitias* 54
89 Genug ist genug – *Ohe, iam satis est* 54

Fünftes Buch

9 Krankenvisite – *Languebam: sed tu* 55
13 Dichterstolz – *Sum, fateor, semperque fui* . . . 55
15 An Domitian – *Quintus nostrorum liber est* . . . 55
32 Der Gipfel des Geizes – *Quadrantem Crispus* . . . 56
33 Drohung – *Carpere causidicus* 56
34 Auf den Tod einer kleinen Sklavin – *Hanc tibi, Fronto pater* 56
42 Sicherer Besitz – *Callidus effracta* 57
43 Zahnersatz – *Thaïs habet nigros* 57
47 Der Berufsgast – *Numquam se cenasse domi* . . . 57
56 Berufswahl – *Cui tradas, Lupe* 57
58 Mañana – *Cras te victurum* 58
61 Der Sachwalter – *Crispulus iste quis est* 58
73 Unerwünschtes Quidproquo – *Non donem tibi* . . . 59
76 Abhärtung – *Profecit poto Mithridates* 59
81 Armut und Reichtum – *Semper pauper eris* . . . 59
83 Ragazzo è mobile – *Insequeris, fugio* 59

Inhalt

Sechstes Buch

1 An Julius Martialis – *Sextus mittitur* 60
19 Revenons à ces moutons! – *Non de vi neque caede* . . . 60
34 Küsse – *Basia da nobis* 60
35 Der Redefluß – *Septem clepsydras* 61
39 Ganz der Papa! – *Pater ex Marulla* 61
40 Der Zahn der Zeit – *Femina praeferri potuit* 62
41 A tout prix – *Qui recitat lana fauces* 62
44 Die böse Zunge – *Festive credis* 62
48 Das beredte Diner – *Quod tam grande sophos* 63
51 Der Beleidigte – *Quod convivaris* 63
52 Der junge Barbier – *Hoc iacet in tumulo* 63
53 Der plötzliche Tod – *Lotus nobiscum est* 63
60 Erfolg – *Laudat, amat, cantat* 64
63 Der Erbschleicher – *Scis te captari* 64
65 Der Beckmesser – *Hexametris epigramma facis* 64
67 Vorsichtig – *Cur tantum eunuchos* 65
68 Aquis submersus – *Flete nefas vestrum* 65
73 Irreführung – *Non rudis indocta* 65
82 Unbemäntelt – *Quidam me modo* 66
88 Ich bin so frei – *Mane salutavi vero* 66
90 Ménage à trois – *Moechum Gellia non habet* 66
91 Nicht betroffen – *Sancta ducis summi* 66

Siebentes Buch

4 Dichterblässe – *Esset, Castrice* 67
5 Der abwesende Kaiser – *Si desiderium, Caesar* . . . 67
10 Jedem Tierchen sein Pläsierchen – *Pedicatur Eros* . . . 67
11 Korrektur – *Cogis me calamo* 68
14 Das Schoßkind – *Accidit infandum* 68
20 Der Vielfraß – *Nihil est miserius* 69
21 Auf den Geburtstag Lukans – *Haec est illa dies* . . . 69
25 An einen Harmlosen – *Dulcia cum tantum scribas* . . . 70
26 Freund und Kritiker – *Apollinarem conveni meum* . . . 70
39 Der Simulant – *Discursus varios* 70
46 Prosa tut's auch – *Commendare tuum* 71
53 Weihnachtsgeschenke – *Omnia misisti mihi* 71
61 „Kaiserliches" Rom – *Abstulerat totam temerarius* . . . 72
66 Unzufrieden – *Heredem Fabius* 72

162 Inhalt

76 An Philomusus – *Quod te diripiunt* 72
77 Nochmals: Freiexemplare – *Exigis ut nostros* 73
81 Der Kritiker – *Triginta toto mala sunt* 73
83 Der langsame Barbier – *Eutrapelus tonsor* 73
88 Ruhm in der Provinz – *Fertur habere meos* 73
98 Verschwendung – *Omnia, Castor, emis* 74

Achtes Buch

3 An seine Muse – *Quinque satis fuerant* 75
9 Das Nachsehen – *Solvere dodrantem* 76
10 Vorteilhafter Einkauf – *Emit lacernas* 76
12 Gleichberechtigung – *Uxorem quare locupletem* 76
13 Genarrt – *Morio dictus erat* 76
20 Der Dichterling – *Cum facias versus* 77
23 Logik – *Esse tibi videor* 77
27 Durch die Blume – *Munera qui tibi dat* 77
29 Gehäufte Kürze – *Disticha qui scribit* 77
31 Do it yourself! – *Nescio quid de te* 78
35 Gleich zu gleich – *Cum sitis similes* 78
43 Unentschieden – *Effert uxores Fabius* 78
55 Klage des Literaten – *Temporibus nostris* 78
56 Ein Kompliment an Domitian – *Magna licet totiens* . . . 79
57 Bestattung auf Raten – *Tres habuit dentes* 80
62 Makulatur – *Scribit in aversa* 80
67 Der frühe Gast – *Horas quinque puer* 80
69 Nachruhm – *Miraris veteres* 81
76 Aufbauende Kritik – *Dic verum mihi* 81
79 Der Kontrast – *Omnes aut vetulas* 81

Neuntes Buch

7 Jugendschutzgesetz – *Tamquam parva foret* 82
10 Verständlich – *Nubere vis Prisco* 82
14 Liebe durch den Magen – *Hunc, quem mensa tibi* 82
15 Die Freimütige – *Inscripsit tumulis* 83
18 Die Wasserleitung – *Est mihi – sitque precor* 83
19 Der Schmeichler – *Laudas balnea* 83
53 Zarter Wink – *Natali tibi, Quinte* 83
59 Der Kenner – *In Saeptis Mamurra* 84
64 Domitian als Herkules angebetet – *Herculis in magni voltus* 85

Inhalt

163

67	Der Moralist – *Lascivam tota*	85
68	Ein lauter Pauker – *Quid tibi nobiscum est*	85
70	O tempora, o mores! – *Dixerat „o mores! o tempora!"*	86
78	Lebensmüde – *Funera post septem*	87
80	Das Angenehme(?) und das Nützliche – *Duxerat esuriens*	87
81	Das Publikum entscheidet – *Lector et auditor*	87
82	Die Sterne lügen nicht – *Dixerat astrologus*	87
89	Poetaster – *Lege nimis dura*	88
91	Wink mit dem Zaunpfahl – *Ad cenam si me*	88
92	Vorteile des Sklavenlebens – *Quae mala sunt domini*	88
97	Der Neidhammel – *Rumpitur invidia*	89

Zehntes Buch

2	Zur Neuausgabe von Buch 10 – *Festinata prior*	90
8	Heirats(un)lustig – *Nubere Paula cupit*	90
15	Sans gêne – *Cedere de nostris*	91
16	Betriebsunfall – *Dotatae uxori*	91
20	An Plinius – *Nec doctum satis*	91
21	Der Dunkelmann – *Scribere te quae vix*	92
27	Der Parvenu – *Natali, Diodore*	92
30	Auf das Landhaus des Apollinaris bei Formiae – *O temperatae dulce*	93
32	Das Porträt – *Haec mihi quae colitur*	94
33	Programmatisches – *Simplicior priscis*	94
35	Die Dichterin Sulpicia – *Omnes Sulpiciam*	94
40	Leider normal – *Semper cum mihi*	95
43	Gesegneter Grund – *Septima iam, Phileros*	95
47	Das glückliche Leben – *Vitam quae faciant*	96
53	Grabschrift des Rennfahrers – *Ille ego sum Scorpus*	96
60	Der Professor – *Iura trium petiit*	96
62	Die großen Ferien – *Ludi magister*	97
65	Der Weichling – *Cum te municipem*	97
69	Unfair – *Custodes das, Polla*	98
72	Schmeichelei unerwünscht – *Frustra, Blanditiae*	98
74	Der müde Klient – *Iam parce lasso*	98
79	Herr Reich und Herr Arm – *Ad lapidem Torquatus*	99
82	Klage des Klienten – *Si quid nostra tuis*	99
84	Die Beilage – *Miraris, quare dormitum*	100
91	Untauglich – *Omnes eunuchos*	100

164 *Inhalt*

97 Mein Pech – *Dum levis arsura* 100
100 Mit fremden Federn – *Quid, stulte, nostris* 101
102 Unproduktiv – *Qua factus ratione* 101
103 Rückkehr in die Heimat – *Municipes Augusta mihi* . . . 101
104 Zum Geleite – *I nostro comes* 102

Elftes Buch

2 An die Prüden – *Triste supercilium* 103
5 An den Kaiser – *Tanta tibi est recti* 103
14 Sit tibi terra levis – *Heredes, nolite* 104
15 Karnevalsscherze – *Sunt chartae mihi* 104
16 Warnung – *Qui gravis es* 104
17 Nicht nur Erotik – *Non omnis nostri nocturna* . . . 105
34 Gut gelegen – *Aedes emit Aper* 105
35 Die Party – *Ignotos mihi* 105
39 Der treue Diener – *Cunarum fueras* 105
44 Freundschaft – *Orbus es et locuples* 106
48 Pietät – *Silius haec magni* 106
56 Der Stoiker – *Quod nimium mortem* 107
60 Sex Appeal – *Sit Phlogis an Chione* 107
62 Nichts umsonst – *Lesbia se iurat* 108
66 Unverständlich – *Et delator es* 108
67 Vertröstet – *Nil mihi das vivus* 108
80 Einladung nach Baiae – *Litus beatae Veneris* . . . 109
83 Teures Logis – *Nemo habitat gratis* 109
87 Armut schändet nicht – *Dives eras quondam* . . . 109
92 Untertreibung – *Mentitur qui te vitiosum* 109
93 Das Malheur – *Pierios vatis Theodori* 110
101 Sehschärfe – *Thaïda tam tenuem* 110
102 Süß und dumm – *Non est mentitus* 110
104 An seine Frau – *Uxor, vade foras* 110
106 Keine Zeit – *Vibi Maxime* 111

Zwölftes Buch

3 Dank – *Quod Flacco Varioque* 112
8 An Trajan – *Terrarum dea* 112
10 Nie genug – *Habet Africanus* 112
17 Das kluge Fieber – *Quare tam multis* 113
18 An Juvenal – *Dum tu forsitan* 113

Inhalt

23 Die Einäugige – *Dentibus atque comis* 114
25 Die Hypothek – *Cum rogo te* 114
30 Das Zeugnis – *Siccus, sobrius est* 114
44 Familienrücksicht – *Unice, cognato* 115
46 Dilemma – *Difficilis facilis* 115
47 Auf Bestellung – *Vendunt carmina* 115
51 Der Lauf der Welt – *Tam saepe nostrum* 115
54 Kein Adonis – *Crine ruber, niger* 116
56 Der Rekonvaleszent – *Aegrotas uno decies* 116
59 Das Busserln – *Tantum dat tibi Roma* 116
68 Jetzt umgekehrt – *Matutine cliens* 117
79 An Atticilla – *Donavi tibi multa* 117
82 Der Beharrliche – *Effugere in thermis* 117
89 Haarweh – *Quod lana caput alligas* 118
92 Hypothetische Frage – *Saepe rogare soles* 118
94 Der literarische Rivale – *Scribebamus epos* 118

Dreizehntes Buch

Xenien

3 Das Buch der Geschenke – *Omnis in hoc gracili* 120
6 Sauerbier – *Alica* 120
11 Gerste – *Hordeum* 120
14 Salat – *Lactucae* 121
18 Schnittlauch – *Porri sectivi* 121
34 Zwiebeln – *Bulbi* 121
45 Hühnchen – *Pulli gallinacei* 121
46 Pfirsiche – *Persica praecocia* 121
48 Champignons – *Boleti* 122
50 Trüffeln – *Terrae tubera* 122
52 Enten – *Anates* 122
58 Gänseleber – *Iecur anserinum* 122
60 Kaninchen - *Cuniculi* 122
74 Gänse – *Anseres* 123
77 Schwäne – *Cycni* 123
87 Purpurschnecken – *Murices* 123
104 Attischer Honig – *Mel Atticum* 123
111 Falernerwein – *Falernum* 123
116 Signinerwein – *Signinum* 124

117	Mamertinerwein – *Mamertinum*	124
121	Pälignerwein – *Paelignum*	124
126	Parfüm – *Unguentum*	124

Vierzehntes Buch

Apophoreta

8	Vitellianische Schreibtäfelchen – *Vitelliani*	125
9	Dieselben – *Idem*	125
10	Papier im Großformat – *Chartae maiores*	125
11	Briefpapier – *Chartae epistulares*	125
19	Nüsse – *Nuces*	126
22	Zahnstocher – *Dentiscalpium*	126
24	Goldene Haarnadel – *Acus aurea*	126
25	Kämme – *Pectines*	126
28	Ein Sonnenschirm – *Umbella*	126
39	Eine Nachttischlampe – *Lucerna cubicularis*	127
49	Hanteln – *Halteres*	127
55	Zahnpulver – *Flagellum*	127
67	Fliegenwedel aus Pfauenfedern – *Muscarium pavoninum*	127
71	Ein Schwein – *Porcus*	127
87	Halbmondförmiges Speisesofa – *Stibadia*	128
137	Ein Halstuch – *Focale*	128
181	Ein Leander aus Marmor – *Leandros marmoreus*	128
186	Vergil in Pergamentausgabe – *Vergilius in membranis*	128
194	Eine Lukan-Ausgabe – *Lucanus*	128
205	Ein Lustknabe – *Puer*	129
208	Ein Stenograph – *Notarius*	129
218	Ein tüchtiger Koch – *Obsonator*	129

Anmerkungen 131

Römische Literatur

IN RECLAMS UNIVERSAL-BIBLIOTHEK

Vermischte Prosa

Antike Heilkunst. 250 S. UB 9305

Apuleius, *Das Märchen von Amor und Psyche.* Lat./dt. 152 S. UB 486

Augustinus, *Bekenntnisse.* 440 S. UB 2792 – auch geb. – *De beata vita / Über das Glück.* Lat./dt. 109 S. UB 7831 – *De vera religione / Über die wahre Religion.* Lat./dt. 231 S. UB 7971

Boethius, *Trost der Philosophie.* 189 S. UB 3154

Eugippius, *Vita Sancti Severini / Das Leben des heiligen Severin.* Lat./dt. 157 S. UB 8285

Marc Aurel, *Selbstbetrachtungen.* 188 S. UB 1241

Petron, *Satyricon.* 261 S. UB 8533

Plinius der Jüngere, *Briefe.* 76 S. UB 7787 – *Der Briefwechsel mit Kaiser Trajan. Das 10. Buch der Briefe.* Lat./dt. 160 S. UB 6988 – *Epistulae / Briefe.* Lat./dt. *1. Buch.* 96 S. UB 6979 – *2. Buch.* 96 S. UB 6980 – *3. Buch.* 96 S. UB 6981 – *4. Buch.* 96 S. UB 6982 – *5. Buch.* 94 S. UB 6983 – *6. Buch.* 109 S. UB 6984 – *7. Buch.* 104 S. UB 6985 – *8. Buch.* 104 S. UB 6986 – *9. Buch.* 110 S. UB 6987

Quintilian, *Institutio oratoria X / Lehrbuch der Redekunst. 10. Buch.* Lat./dt. 160 S. UB 2956

Seneca, *Apocolocyntosis / Die Verkürbissung des Kaisers Claudius.* Lat./dt. 94 S. UB 7676 – *De brevitate vitae / Von der Kürze des Lebens.* Lat./dt. 76 S. UB 1847 – *De clementia / Über die Güte.* Lat./dt. 116 S. UB 8385 – *De otio / Über die Muße. De providentia / Über die Vorsehung.* Lat./dt. 85 S. UB 9610 – *De tranquillitate animi / Über die Ausgeglichenheit der Seele.* Lat./dt. 111 S. UB 1846 – *De vita beata / Vom glücklichen Leben.* Lat./dt. 119 S. UB 1849 – *Epistulae morales ad Lucilium / Briefe an Lucilius über Ethik.* Lat./dt. Bücher 1–16 UB 2132, 2133, 2134, 2135, 2136, 2137, 2139, 2140, 2141, 2142, 2143, 9370, 9371,9372 – *Vom glückseligen Leben und andere Schriften.* Auswahl. 160 S. UB 7790

Tertullian, *De spectaculis / Über die Spiele.* Lat./dt. 120 S. UB 8477

Valerius Maximus, *Facta et dicta memorabilia / Denkwürdige Taten und Worte.* Lat./dt. 351 S. UB 8695

Philipp Reclam jun. Stuttgart

Römische Literatur

IN RECLAMS UNIVERSAL-BIBLIOTHEK

Dichtung

Catull, *Gedichte.* 133 S. UB 6638 – *Sämtliche Gedichte.* Lat./dt. 246 S. UB 9395

Horaz, *Ars poetica / Die Dichtkunst.* Lat./dt. 70 S. UB 9421 – *Epistulae / Briefe.* Lat./dt. 70 S. UB 432 – *Gedichte.* 80 S. UB 7708 – *Oden und Epoden.* Lat./dt. 328 S. UB 9905 – *Sermones / Satiren.* Lat./dt. 232 S. UB 431 – *Sämtliche Gedichte.* Lat./dt. 828 S. Gebunden

Juvenal, *Satiren.* 253 S. UB 8598

Laudes Italiae / Lob Italiens. Griech. und lat. Texte. Zweisprachig. 192 S. UB 8510

Lukrez, *De rerum natura / Welt aus Atomen.* Lat./dt. 637 S. UB 4257

Manilius, *Astronomica / Astrologie.* Lat./dt. 533 S. 11 Abb. UB 8634

Martial, *Epigramme.* 166 S. UB 1611

Ovid, *Ars amatoria / Liebeskunst.* Lat./dt. 232 S. UB 357 – *Metamorphosen.* Epos in 15 Büchern. 792 S. UB 356 – *Metamorphosen.* Lat./dt. 997 S. UB 1360 – *Verwandlungen.* Auswahl. 93 S. UB 7711

Phaedrus, *Liber Fabularum / Fabelbuch.* Lat./dt. 240 S. UB 1144

Plautus, *Amphitruo.* Lat./dt. 160 S. UB 9931 – *Aulularia / Goldtopfkomödie.* Lat./dt. 112 S. UB 9898 – *Menaechmi.* Lat./dt. 152 S. UB 7096 – *Miles gloriosus / Der ruhmreiche Hauptmann.* Lat./dt. 183 S. UB 8031

Properz, *Sämtliche Gedichte.* Lat./dt. 419 S. UB 1728

Römische Lyrik. Lat./dt. 514 S. UB 8995

Seneca, *Apocolocyntosis / Die Verkürbissung des Kaisers Claudius.* 94 S. UB 7676 – *Oedipus.* Lat./dt. 141 S. UB 9717

Terenz, *Adelphoe / Die Brüder.* Lat./dt. 128 S. UB 9848 – *Der Eunuch.* 77 S. UB 1868 – *Heautontimorumenos / Einer straft sich selbst.* Lat./dt. 154 S. UB 7683

Vergil, *Aeneis.* 421 S. UB 221 – *Aeneis.* 1. und 2. Buch. Lat./dt. 202 S. UB 9680 – *Aeneis.* 3. und 4. Buch. Lat./dt. 221 S. UB 9681 – *Dido und Aeneas.* Lat./dt. 168 S. 16 Abb. UB 224 – *Georgica / Vom Landbau.* Lat./dt. 123 S. UB 638 – *Hirtengedichte (Eklogen).* 77 S. UB 637

Philipp Reclam jun. Stuttgart